U-CANの保育スマイルBOOKS

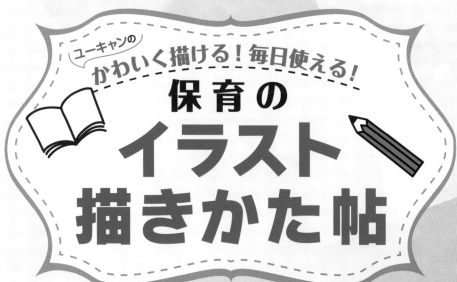

ユーキャンの

かわいく描ける！毎日使える！

保育の
イラスト
描きかた帖

第2版

いろいろ使える！
イラスト活用例

本書に掲載しているイラストの活用例をご紹介します。
保育室の掲示物や行事で使うアイテム、カードやおたよりなどにイラストを使って、
より楽しい雰囲気を演出してみましょう。

手描きの個人マーク

| クローバー P32 | りんご P56 | おにぎり P58 | 船 P64 |

クラスのマーク

うさぎ P36

りす P37

持ち物入れ

はさみ P78

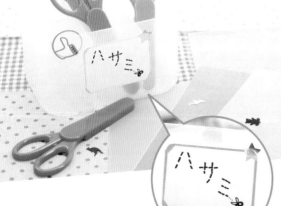

カード

いぬ②
P35

ねこ②
P35

うさぎ
P36

コアラ
P40

飾り文字
P112

サンタクロースと
トナカイ
P99

くつ下と
手ぶくろ
P100

飾り文字
P115

ペープサート

うし
P38

おり姫
P92

ひこ星
P92

画材紹介

本書で使用している画材

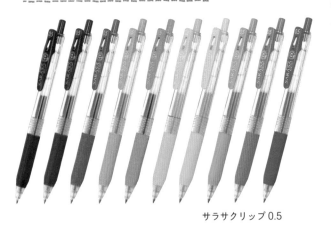

サラサクリップ0.5

ボールペンには油性、水性、ジェルインクといったタイプのものがあり、本書では、ジェルインクタイプのボールペンを使用しています。さらさらとなめらかな描き味で、発色も鮮やかです。

画材でイラストの雰囲気を変える

色えんぴつ

力の強弱で色の濃淡を調節できます。やさしい印象のイラストになります。

サインペン

水性インクのフェルトペンです。くっきりとした線でイラストを描くことができます。

クレヨン

味のあるイラストが描けます。太い線を描くときにおすすめです。

チョーク

かすれた細い線や太い線などの描き分けが可能です。

contents

Part 1 基本のイラスト

Part 3 保育のイラスト

Part 2 ジャンル別イラスト

Part 4 アレンジイラスト

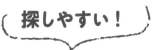

イラスト付きインデックス

Part2〜4のイラストを掲載順にイラスト付きで並べています。

 人物

 赤ちゃん① P24

 赤ちゃん② P24

 乳児① P24

 乳児② P24

 女の子① P25

 女の子② P25

 男の子① P25

 男の子② P25

 先生（女性①）P26

 先生（女性②）P26

 先生（男性①）P26

 先生（男性②）P26

園長先生① P27

園長先生② P27

調理師 P27

 看護師 P27

 お父さん① P28

 お父さん② P28

 お母さん① P28

 お母さん② P28

 おじいちゃん① P29

 おじいちゃん② P29

 おばあちゃん① P29

 おばあちゃん② P29

 バスの運転士さん P30

 お医者さん P30

 八百屋さん P30

 コックさん P30

 警察官とパトカー P31

 消防士と消防車 P31

 救急隊員と救急車 P31

 植物

 木 P32

 花 P32

 たんぽぽ P32

 クローバー P32

 あさがお P33

 ひまわり P33

 コスモス P33

 いちょう P33

 もみじ P34

 どんぐり P34

 まつぼっくり P34

 うめ P34

 動物

 いぬ① P35

 いぬ② P35

 ねこ① P35

 ねこ② P35

 ひよこ P36

 にわとり P36

 あひる P36

 うさぎ P36

 りす P37

 ぶた P37

 たぬき P37

 きつね P37

 ひつじ P38

 さる P38

うま P38　うし P38　ぞう P39　きりん P39　ライオン P39　とら P39　くま P40　パンダ P40　コアラ P40

うぐいす P40　すずめ P41　はと P41　ふくろう P41　かもめ P41　生き物・他　さかな① P42　さかな② P42

ザリガニ P42　貝 P42　かに P43　かめ P43　たこ P43　いか P43　くらげ P44　ペンギン P44　いるか P44

くじら P44　あり P45　おたまじゃくしとかえる P45　あおむしとちょうちょう P45　かぶとむし P45　くわがたむし P46　てんとうむし P46　かたつむり P46　せみ P46

はち P47　ほたる P47　ばった P47　かまきり P47　とんぼ P48　すずむし P48　きりぎりす P48　みのむし P48　恐竜① P49

恐竜② P49　おばけ① P49　おばけ② P49　空・天気　太陽と雲 P50　雨 P50　台風 P50　虹 P50

雪の結晶 P51　雪だるま P51　流れ星 P51　雷小僧 P51　食べ物・他　たけのこ P52　にんじん P52　トマト P52

ピーマン P52　なす P53　きゅうり P53　たまねぎ P53　レタス P53　えんどう豆 P54　きのこ P54　だいこん P54　かぼちゃ P54

いちご P55　さくらんぼ P55　すいか P55　メロン P55　バナナ P56　りんご P56　もも P56　レモン P56　くり P57

かき P57　ぶどう P57　みかん P57　ごはん P58　おにぎり P58　パン P58　サンドイッチ P58　お弁当 P59　スパゲッティー P59

さかなの切り身 P59　カレー P59　お子さまランチ P60　クッキー P60　プリン P60　ケーキ P60　誕生日ケーキ P61　ドーナツ P61　ソフトクリーム P61

牛乳 P61　コップとお皿 P62　ティーポットとカップ P62　おなべ P62　おたま P62　乗り物　車 P63　三輪車 P63

自転車 P63　バス P63　新幹線 P64　電車 P64　汽車 P64　船 P64　ヨット P65　飛行機 P65　ヘリコプター P65

気球 P65　ロケット P66　ダンプカー P66　ショベルカー P66　UFO P66　園生活　はいはい P68　つたい歩き P68

歩く P68　走る P68　転ぶ P69　体操 P69　ダンス P69　体育座り P69　哺乳びん P70　手づかみ食べ P70　スプーン（上握り）P70

スプーン（3点持ち）P70　おむつ交換 P71　トイレ（おまる）P71　トイレ（洋式便器）P71　トイレ（立便器）P71　爪切り P72　体重計 P72　身長計 P72　ばんそうこう P72

だっこ P73　おんぶ P73　ひざのせ P73　手つなぎ P73　はみがき P74　手洗い P74　うがい P74　マスク姿 P74　咳 P75

熱 P75　鼻をかむ P75　ばいきん P75　夏服 P76　冬服 P76　下着 P76　スモック P76　服を着る P77　服をたたむ P77

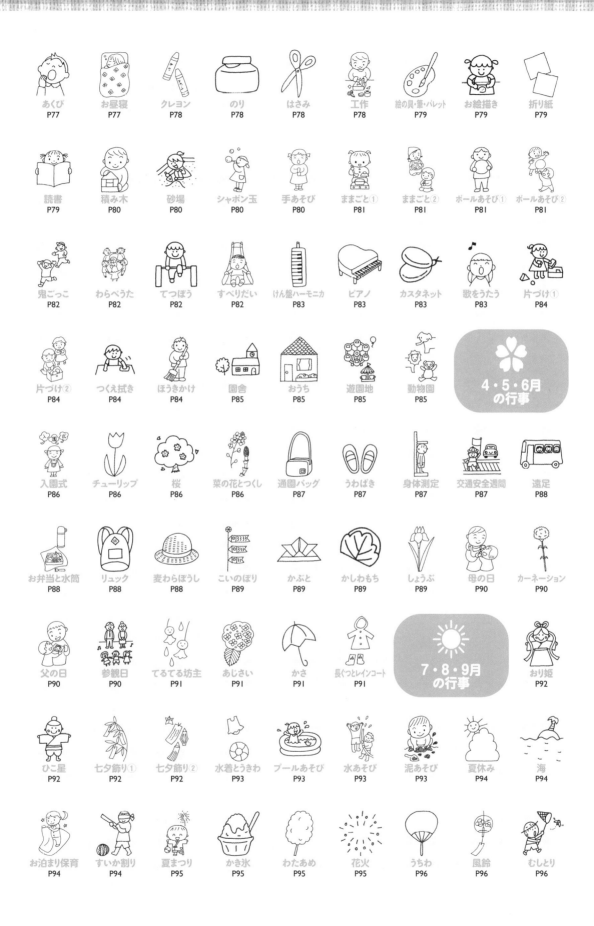

あくび P77	お昼寝 P77	クレヨン P78	のり P78	はさみ P78	工作 P78	絵の具・筆・パレット P79	お絵描き P79	折り紙 P79
読書 P79	積み木 P80	砂場 P80	シャボン玉 P80	手あそび P80	ままごと① P81	ままごと② P81	ボールあそび① P81	ボールあそび② P81
鬼ごっこ P82	わらべうた P82	てつぼう P82	すべりだい P82	けん盤ハーモニカ P83	ピアノ P83	カスタネット P83	歌をうたう P83	片づけ① P84
片づけ② P84	つくえ拭き P84	ほうきかけ P84	園舎 P85	おうち P85	遊園地 P85	動物園 P85	4・5・6月 の行事	
入園式 P86	チューリップ P86	桜 P86	菜の花とつくし P86	通園バッグ P87	うわばき P87	身体測定 P87	交通安全週間 P87	遠足 P88
お弁当と水筒 P88	リュック P88	麦わらぼうし P88	こいのぼり P89	かぶと P89	かしわもち P89	しょうぶ P89	母の日 P90	カーネーション P90
父の日 P90	参観日 P90	てるてる坊主 P91	あじさい P91	かさ P91	長ぐつとレインコート P91	7・8・9月 の行事		おり姫 P92
ひこ星 P92	七夕飾り① P92	七夕飾り② P92	水着とうきわ P93	プールあそび P93	水あそび P93	泥あそび P93	夏休み P94	海 P94
お泊まり保育 P94	すいか割り P94	夏まつり P95	かき氷 P95	わたあめ P95	花火 P95	うちわ P96	風鈴 P96	むしとり P96

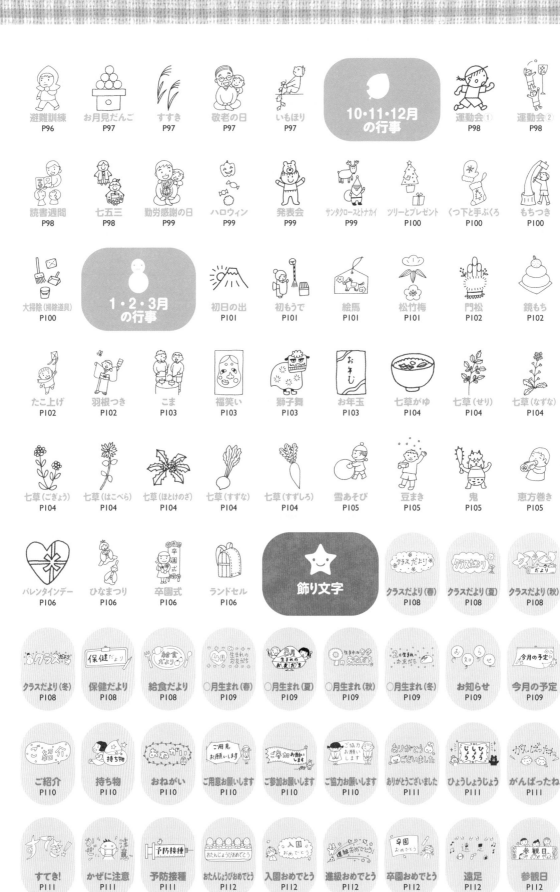

避難訓練
P96

お月見だんご
P97

すすき
P97

敬老の日
P97

いもほり
P97

10・11・12月
の行事

運動会①
P98

運動会②
P98

読書週間
P98

七五三
P98

勤労感謝の日
P99

ハロウィン
P99

発表会
P99

サンタクロースとトナカイ
P99

ツリーとプレゼント
P100

くつ下と手ぶくろ
P100

もちつき
P100

大掃除（掃除道具）
P100

1・2・3月
の行事

初日の出
P101

初もうで
P101

絵馬
P101

松竹梅
P101

門松
P102

鏡もち
P102

たこ上げ
P102

羽根つき
P102

こま
P103

福笑い
P103

獅子舞
P103

お年玉
P103

七草がゆ
P104

七草（せり）
P104

七草（なずな）
P104

七草（ごぎょう）
P104

七草（はこべら）
P104

七草（ほとけのざ）
P104

七草（すずな）
P104

七草（すずしろ）
P104

雪あそび
P105

豆まき
P105

鬼
P105

恵方巻き
P105

バレンタインデー
P106

ひなまつり
P106

卒園式
P106

ランドセル
P106

飾り文字

クラスだより（春）
P108

クラスだより（夏）
P108

クラスだより（秋）
P108

クラスだより（冬）
P108

保健だより
P108

給食だより
P108

○月生まれ（春）
P109

○月生まれ（夏）
P109

○月生まれ（秋）
P109

○月生まれ（冬）
P109

お知らせ
P109

今月の予定
P109

ご紹介
P110

持ち物
P110

おねがい
P110

ご用意お願いします
P110

ご参加お願いします
P110

ご協力お願いします
P110

ありがとうございました
P111

ひょうしょうじょう
P111

がんばったね
P111

すてき!
P111

かぜに注意
P111

予防接種
P111

おたんじょうびおめでとう
P112

入園おめでとう
P112

進級おめでとう
P112

卒園おめでとう
P112

遠足
P112

参観日
P112

こどもの日
P113

母の日
P113

父の日
P113

歯科検診
P113

暑中お見舞い
申し上げます
P113

夏休み
P113

お泊まり保育
P114

夏まつり
P114

運動会
P114

発表会
P114

作品展
P114

ハロウィン
P114

メリークリスマス
P115

冬休み
P115

あけましておめでとう
ございます
P115

おもいで
P115

保護者のみなさまへ
P115

春休み
P115

飾り文字〈12ヶ月〉

4月
P116

5月
P116

6月
P116

7月
P116

8月
P116

9月
P116

10月
P117

11月
P117

12月
P117

1月
P117

2月
P117

3月
P117

干支

子
P118

丑
P118

寅
P118

卯
P118

辰
P118

巳
P118

午
P119

未
P119

申
P119

酉
P119

戌
P119

亥
P119

いろいろな手の形

いちの手
P120

にの手
P120

さんの手
P120

よんの手
P120

ごの手
P120

グー
P120

チョキ
P120

パー
P120

じゃんけん
P121

握手
P121

指切り
P121

バイバイ
P121

指さし
P121

指しゃぶり
P121

案内表示

トイレ
トイレ(子ども)
P122

トイレ
トイレ(大人)
P122

駐車場
P122

自転車置き場
P122

ベビーカー置き場
P123

授乳室
P123

はいらないでね
P123

禁煙
P123

本書の見かた

本書の主なページの見かたを紹介します。

🌸 Part2・3…イラスト工程があるページ

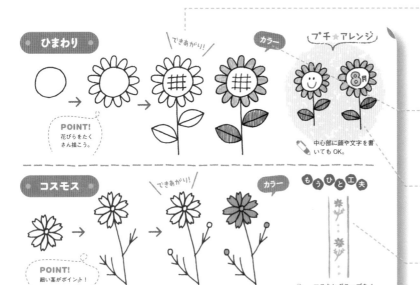

描きかたプロセス

3～4つの工程でイラストの描きかたを紹介しています。

カラー

カラーボールペンを使った色の塗りかたを紹介しています。

プチ☆アレンジ

簡単なアレンジ方法を紹介しています。

もうひと工夫

少し難易度を上げたアレンジ方法を紹介しています。

POINT!

イラストを描くときのヒントやアドバイスです。

筆記用具のマーク

「プチ☆アレンジ」「もうひと工夫」では、3種類の筆記用具のいずれかを使用した色の塗りかたを紹介しています。

 ボールペン　 色えんぴつ　 サインペン

🌸 Part4…イラストと文字の組み合わせ

おたよりの見出しや手作りカードなどに使えるイラストと文字の組み合わせを紹介しています。

筆記用具のマーク

カラーでは、3種類の筆記用具のいずれかを使用した色の塗りかたを紹介しています。

 ボールペン　 色えんぴつ　 サインペン

基本のイラスト

いろいろな線

いろいろな線で動きも表現できるよ。

波うつ線

 →

水　　　　　おなべの水　　　　飲み物

はねる線

 →

レース　　　　　　　はねるかえる

カクカクした線

 →

階段　　　　　食器のひび　　　のこぎり

くるくるした線

 →

回転するもの　　　　　　コード

とぎれとぎれの線

 →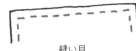

縫い目　　　　　　　切り取り線

平行する線

 →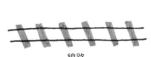

道　　　　　　　　　線路

切り替わる線

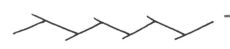 →

植物のつた　　　　着物の合わせ部分

からみあう線

 →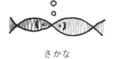

みつあみ　　　　　　さかな

並ぶ縦線

  →

草　　　　　　　髪の毛

いろいろな形 いろいろな形を応用して、イラストが描けるよ！

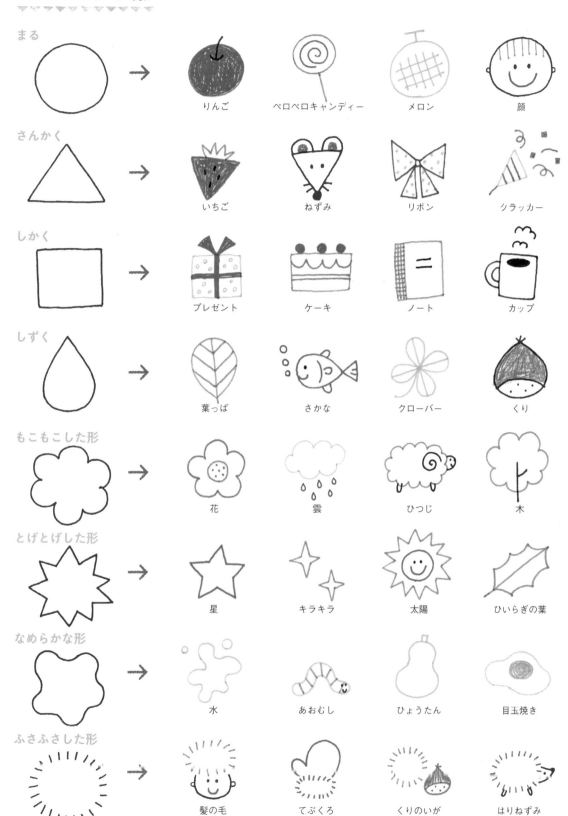

まる

→ りんご　ペロペロキャンディー　メロン　顔

さんかく

→ いちご　ねずみ　リボン　クラッカー

しかく

→ プレゼント　ケーキ　ノート　カップ

しずく

→ 葉っぱ　さかな　クローバー　くり

もこもこした形

→ 花　雲　ひつじ　木

とげとげした形

→ 星　キラキラ　太陽　ひいらぎの葉

なめらかな形

→ 水　あおむし　ひょうたん　目玉焼き

ふさふさした形

→ 髪の毛　てぶくろ　くりのいが　はりねずみ

いろいろなケイ線・フレーム　線や形を組み合わせて描いてみよう。

ケイ線をそのままフレームにする

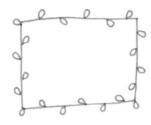 

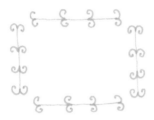  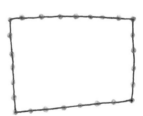

四すみにポイントをつけたフレーム

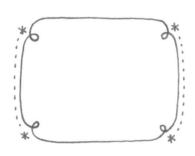 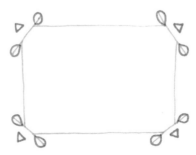 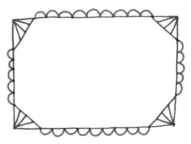

いろいろな吹き出し

コメントなどを強調したいときに使えるよ！

シンプルな吹き出し。　　スペースを広くして　　わくわくした感じが出るよ。　　ほのぼのした
　　　　　　　　　　　　長文を書くときに。　　　　　　　　　　　　　　　やさしい雰囲気が出るよ。

心配やもやもやした雰囲気。　びっくりを表現。　　注目してほしいときにぴったり。　　角ばった形。

吹き出しの応用

ここを丸にすると
心の声のようになるよ。

ニョロッとさせると
元気がない感じになるよ。

矢印にすると
説明に使えるよ。

注目や注意点に使えるよ。

ワンポイントを足すと吹き出しに表情が付けられるよ。

いろいろなひらがな 文字に線やイラストをちょっと足すだけでかわいくなるよ。

文字の先端にポイントを付ける。　　　　文字の縦線だけ太くする。

文字をかたどる。　　　　丸みを付けて文字をかたどる。

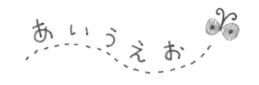 

かたどった文字の中に模様を描く。　　　　文字の一部にモチーフを入れる。

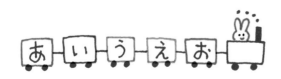 

曲線に沿って文字を書く。

イラストの中に文字を入れる。

いろいろなカタカナ・アルファベット

カタカナ

カタカナは直線が多く
単純な形なので
アレンジがしやすいよ。

アルファベット

アルファベットは
カタカナよりもっと
単純な形なので自由自在！

もこもこにする。

いろいろな形の組み合わせにする。

影を付けて立体的にする。

端をとがらせる。

二重線にする。

水玉模様で描く。

直線をつないだ形にする。

文字の中に顔を描いたり模様を描いたりする。

いろいろな数字　少し形を変えれば、数字もかわいくアレンジできるよ。

数字の外側をかたどってみよう。

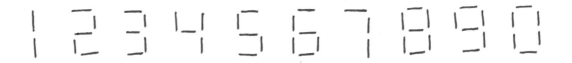

点線にするとデジタル表示風に。

影を付けて立体的に。

1 2 3 4 5 6 7 8 9 0

先をくるっとさせてリボンのような形に。

1 2 3 4 5 6 7 8 9 0

数字を生き物のように。

いろいろな顔のパーツ

パーツを少し変えるだけで、顔の印象が変わるよ。

目　黒目は大きくするほどかわいらしくなるよ。

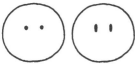

鼻　鼻は小さいほど幼く、大きいほど大人っぽくなるよ。

口　同じニッコリでも少し線を変えるだけで個性が出るよ。

りんかく　子どもや大人、年齢によってりんかくを使い分けてもいいね！

髪型　いろいろな線を使って個性豊かな髪型を描いてみよう。

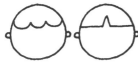

組み合わせ例

21

いろいろな表情

いきいきした表情をたくさん描いてみよう！

目元

ふつう

にこにこ

悲しい

怒り

びっくり

横目

しーん

ねむたい

ショック

白目

ぐるぐる

考え中

口元

にっこり

しょんぼり

笑い

ぺろっ

おー

あわわ…

イヒヒ

え…

ちゅっ

プンプン

ぶるぶる

ベー

組み合わせ例

ジャンル別イラスト

 人物

赤ちゃん①

POINT!
全体的にやわらかい曲線で描こう。

できあがり!

カラー

ボタンの色を変えると
アクセントになるよ。

赤ちゃん②

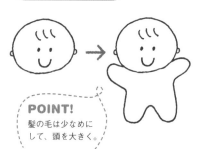

でき
あがり!

POINT!
髪の毛は少なめにして、頭を大きく。

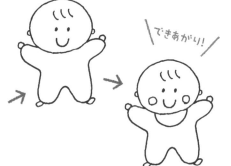

カラー

髪の毛はぐるぐる塗りでも OK。

乳児①

できあがり!

POINT!
服の模様は
最後に描こう。

カラー

ズボンは斜線で塗ってもいいね。

乳児②

POINT!
結んだ髪は小さくて OK。

できあがり!

カラー

水玉模様の服を描いてみよう。

女の子①

できあがり！

カラー

POINT!
頭を大きめに
描こう。

服は斜線塗りで OK。

女の子②

POINT!
服のそでに丸み
を持たせるとか
わいい。

できあがり！

カラー

チェック模様を描いて
みよう。

男の子①

できあがり！

カラー

POINT!
ボタンやポケット
は最後に描こう。

ズボンの色とポケット
の色を変えてみよう。

男の子②

できあがり！

カラー

POINT!
ハイウエストの
ズボンで子ども
らしさが出るよ。

ボーダー模様を描いて
みよう。

 **先生（女性①）**

POINT!
かわいいエプロンがポイント！

でき あがり！

カラー

ポケットは塗りつぶしてみよう。

 **先生（女性②）**

POINT!
髪をまとめて動きやすいスタイルにしよう。

 でき あがり！

カラー

エプロンに点々模様を描いてみよう。

先生（男性①）

POINT!
肩を大きめに描くとたくましい雰囲気が出るよ。

でき あがり！

カラー

エプロンをさわやかな水色に。

先生（男性②）

POINT!
首を少し太めに描いてみよう。

 でき あがり！

カラー

ストライプのエプロン。

園長先生①

でき あがり!

カラー

POINT!
目尻を下げるとや
さしい雰囲気 UP。

エプロンは好きな色で
塗ってみよう。

園長先生②

 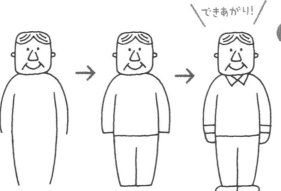 

でき あがり!

カラー

POINT!
顔は四角く、鼻を
大きめに描くと貫
禄が出るよ！

シャツを水色に塗って
みよう。

調理師

POINT!
三角巾を頭に
まいて。

でき あがり!

カラー

おたまは部分塗りで
OK。

看護師

でき あがり!

カラー

POINT!
スカートは広がり
すぎないように。

ナース帽も忘れずに
塗ってね。

27

お父さん①

POINT!
肩幅を広めに描いてみよう。

できあがり!

カラー

ネクタイを塗りつぶしてみよう。

お父さん②

POINT!
首を太めに、髪の毛は七三分けにしてみよう。

できあがり!

カラー

ズボンを点線で塗ってみよう。

お母さん①

できあがり!

POINT!
コサージュを付けてアクセントに。

カラー

全身同じ色のスーツでもおしゃれ!

お母さん②

POINT!
タイトスカートにすると大人の女性の雰囲気に。

できあがり!

カラー

スカートはチェック模様だよ。

おじいちゃん①

 → →  → できあがり！

POINT!
口元と目尻にしわを入れてみよう。

 カラー

チェックのシャツにしてみよう。

おじいちゃん②

  →  → 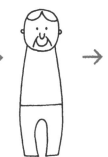 → できあがり！

POINT!
全体的に丸みを持たせるとやさしい雰囲気が出るよ。

 カラー

ベストだけ色を塗ってもいいね。

おばあちゃん①

  →  → できあがり！

POINT!
目尻を下げるとやさしい笑顔。

 カラー

スカートにチェックや水玉模様を入れてみよう。

おばあちゃん②

   →  → できあがり！

POINT!
下半身にふくらみを持たせて描いてみよう。

 カラー

カーディガンだけ色を塗ってもいいね。

バスの運転士さん

でき あがり!

POINT!
ハンドルは最後に描こう。

カラー

ぼうしや制服は斜線塗りで。

お医者さん

POINT!
肩に聴診器を描こう。

でき あがり!

カラー

服は部分塗りでも OK。

八百屋さん

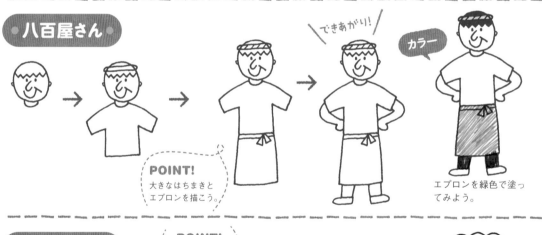

でき あがり!

カラー

POINT!
大きなはちまきとエプロンを描こう。

エプロンを緑色で塗ってみよう。

コックさん

POINT!
長いコック帽がポイント!

でき あがり!

カラー

スカーフを好きな色で塗ろう。

警察官とパトカー

できあがり！

カラー

POINT!
足を揃えてビシッと敬礼。

制服は青系の色で塗ろう。

消防士と消防車

できあがり！

カラー

POINT!
ヘルメットの両側に防炎カバーを描こう。

消防服はオレンジで。

救急隊員と救急車

できあがり！

カラー

POINT!
車両の前後にライトを付けて描いてみよう。

ヘルメットに赤いラインを入れよう。

🌷 植物

木

POINT!
三角をイメージして描いてみよう。

できあがり！

カラー

もうひと工夫

木が連なっているようなケイ線に。

花

POINT!
花びらは5枚にするとバランスよく見えるよ。

できあがり！

カラー

プチ★アレンジ

たくさん描いて野原にしよう。

たんぽぽ

できあがり！

カラー

POINT!
ギザギザの葉っぱが特徴。

プチ★アレンジ

花の部分を綿毛にも変えられる。

クローバー

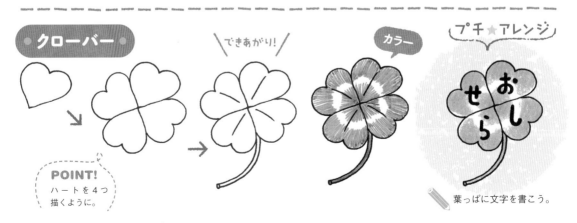

できあがり！

カラー

POINT!
ハートを4つ描くように。

プチ★アレンジ

おせらし

葉っぱに文字を書こう。

あさがお

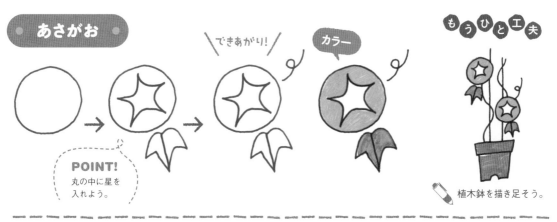

できあがり！

カラー

もうひと工夫

POINT!
丸の中に星を
入れよう。

植木鉢を描き足そう。

ひまわり

できあがり！

カラー

プチ★アレンジ

POINT!
花びらをたく
さん描こう。

中心部に顔や文字を書
いても OK。

コスモス

できあがり！

カラー

もうひと工夫

POINT!
細い茎がポイント！

マスキングテープをイ
メージしたケイ線。

いちょう

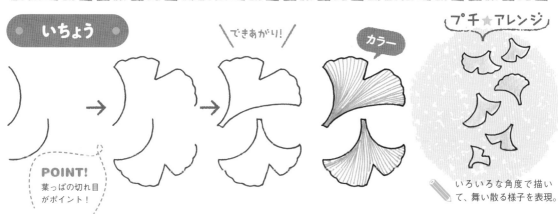

できあがり！

カラー

プチ★アレンジ

POINT!
葉っぱの切れ目
がポイント！

いろいろな角度で描い
て、舞い散る様子を表現。

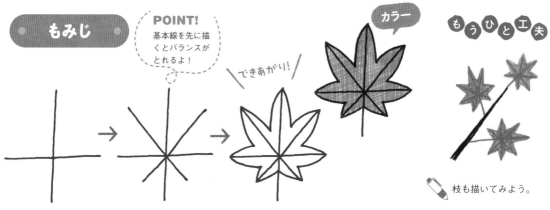

もみじ

POINT!
基本線を先に描くとバランスがとれるよ！

カラー

できあがり！

もうひと工夫

✏️ 枝も描いてみよう。

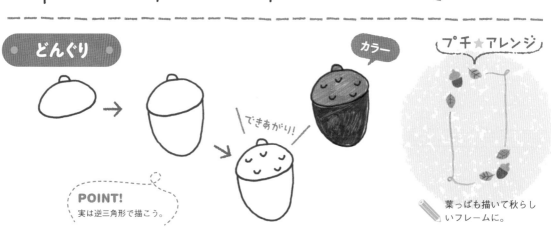

どんぐり

カラー

できあがり！

POINT!
実は逆三角形で描こう。

プチ★アレンジ

✏️ 葉っぱも描いて秋らしいフレームに。

まつぼっくり

できあがり！

カラー

POINT!
かさのボコボコ部分を強調して描こう。

プチ★アレンジ

✏️ クリスマス風に飾りを描き足して。

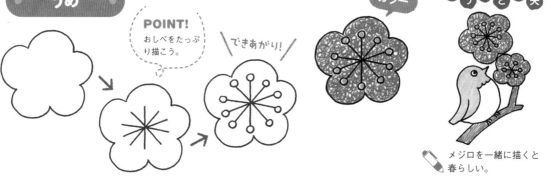

うめ

POINT!
おしべをたっぷり描こう。

できあがり！

カラー

もうひと工夫

✏️ メジロを一緒に描くと春らしい。

🐻 動物

いぬ①

できあがり!

カラー

もうひと工夫

POINT!
鼻に向かって長い顔と
くるっとしたしっぽ。

✏️ ボーダーのシャツを描
いてみよう。

いぬ②

POINT!
大きく垂れた
耳がポイント!

できあがり!

カラー

もうひと工夫

✏️ 二等身でかわいいキャ
ラクター風に。

ねこ①

できあがり!

カラー

プチ★アレンジ

POINT!
耳は三角、顔は横
長の丸で、ヒゲを
忘れずに描こう。

✏️ 背中を丸めて怒ってい
るところを描いてみよ
う。

ねこ②

POINT!
顔や模様を最後に
描く方法もあるよ。

できあがり!

カラー

もうひと工夫

✏️ チェックの服を着せて
みよう。

ひよこ

POINT!
小さくとがった
くちばしがかわ
いい。

できあがり!

カラー

もうひと工夫

🖊 卵の殻も描いてみよう。

にわとり

POINT!
頭上のとさかが
ポイント。

できあがり!

カラー

もうひと工夫

🖊 ひよこも描いて親子の
姿に。

あひる

できあがり!

カラー

もうひと工夫

POINT!
くちばしと足の
水かきが特徴。

🖊 ケイ線にするときは足
を省略しても OK。

うさぎ

POINT!
長い耳が特徴。

できあがり!

カラー

もうひと工夫

🖊 かわいい服を着せてみ
よう。

りす

できあがり！

カラー

もうひと工夫

POINT!
どんぐりを一緒に描こう。

服を着ても大きなしっぽを忘れずに。

ぶた

できあがり！

カラー

もうひと工夫

POINT!
丸い鼻がポイント。

服やぼうしを描き足してもかわいい。

たぬき

できあがり！

カラー

もうひと工夫

POINT!
丸くて大きなお腹を強調しよう。

変身たぬきを描いてみよう。

きつね

POINT!
耳の先端を黒く、しっぽをふんわりと。

できあがり！

カラー

もうひと工夫

親子の姿を描いてみよう。

ひつじ

でき あがり!

カラー

プチ★アレンジ

POINT!
ふわふわの体
がポイント。

後ろ姿も描いてみよう。

さる

でき あがり!

カラー

プチ★アレンジ

POINT!
顔はハートを
描くように。

水玉の服を着せてみよう。

うま

でき あがり!

カラー

もうひと工夫

POINT!
たてがみを忘れ
ずに描こう!

走っている姿も
描いてみよう。

うし

でき あがり!

カラー

プチ★アレンジ

POINT!
つのを忘れず
に描こう。

模様を変えて
描いてみよう。

ぞう

POINT!
鼻を上向きにして強調してもかわいい。

できあがり!

カラー

もうひと工夫

おしらせ

体の中に文字を書いてみよう。

きりん

POINT!
首は長く、つのを忘れずに描こう。

できあがり!

カラー

プチ☆アレンジ

きりんのいるフレームを描いてみよう。

ライオン

できあがり!

カラー

プチ☆アレンジ

POINT!
ギザギザのたてがみがポイント。

たてがみを取るとメスになるよ。

とら

カラー

もうひと工夫

できあがり!

POINT!
鼻を大きく、足を太めに描こう。

座っているとらも描いてみよう。

くま

\できあがり!/

カラー

プチ★アレンジ

POINT!
顔のりんかくを
丁寧に描こう。

色を変えると白くまに
もなるよ。

パンダ

\できあがり!/

カラー

プチ★アレンジ

POINT!
目・耳・鼻・手・
足を黒く。

丸みのある後ろ姿も
かわいい。

コアラ

\できあがり!/

カラー

もぅひと工夫

POINT!
縦長の鼻が
特徴。

えり付きの服を着た、
かわいいコアラに。

うぐいす

\できあがり!/

カラー

プチ★アレンジ

POINT!
尾の先はとがらせ
ずに四角く描こう。

梅の花を添えて春らし
いケイ線に。

すずめ

POINT!
顔を円で描いて
みよう。

できあがり!

カラー

もうひと工夫

✏️ 電線にとまるすずめを
描いてみよう。

はと

できあがり!

カラー

POINT!
胸はふっくらと
首は長めに。

もうひと工夫

✏️ 翼を広げて飛んでいる
姿を描いてみよう。

ふくろう

できあがり!

カラー

POINT!
顔は丸みのある
ハートに。

もうひと工夫

✏️ とまり木を描き加えて
フレームに。

かもめ

できあがり!

カラー

POINT!
翼を長めに描い
てみよう。

プチ★アレンジ

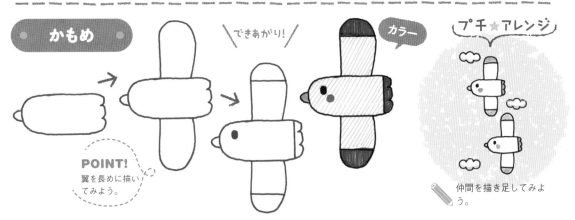

✏️ 仲間を描き足してみよ
う。

41

🐟 生き物・他

さかな①

で
き
あ
が
り!

POINT!
ひれを描くとさかならしくなるよ。

カラー

プチ★アレンジ

🖊 海で泳ぐさかなをイメージしたケイ線に。

さかな②

POINT!
水泡を付けて水の中を演出。

でき
あがり!

カラー

プチ★アレンジ

🖊 水草を描き足してみよう。

ザリガニ

POINT!
大きなはさみを強調。

でき
あがり!

カラー

もうひと工夫

🖍 横向きも描いてみよう。

貝

でき
あがり!

カラー

もうひと工夫

POINT!
巻貝や平貝など、いろいろな形があるよ。

✏ 貝をちりばめてフレームにしよう。

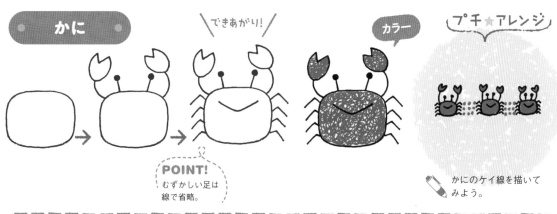

かに

できあがり！

カラー

プチ★アレンジ

POINT!
むずかしい足は
線で省略。

かにのケイ線を描いて
みよう。

かめ

できあがり！

カラー

プチ★アレンジ

POINT!
甲羅の斜線が
ポイント。

親子を描いてみよう。

たこ

POINT!
とんがり口を
強調して。

できあがり！

カラー

もうひと工夫

おたより

墨で文字を書いてみよ
う。

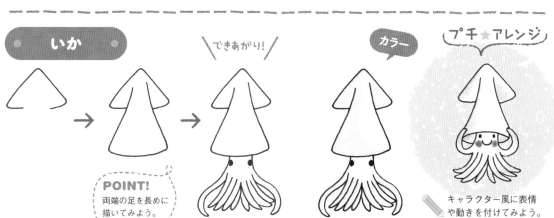

いか

できあがり！

カラー

プチ★アレンジ

POINT!
両端の足を長めに
描いてみよう。

キャラクター風に表情
や動きを付けてみよう。

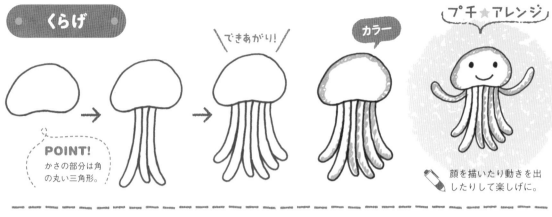

くらげ

できあがり！

カラー

プチ★アレンジ

POINT!
かさの部分は角の丸い三角形。

顔を描いたり動きを出したりして楽しげに。

ペンギン

できあがり！

カラー

プチ★アレンジ

POINT!
やわらかい曲線がポイント。

氷の上であそぶペンギン。

いるか

できあがり！

カラー

プチ★アレンジ

POINT!
鼻先を少し出すのがポイント。

ビーチボールであそぶ姿に。

くじら

できあがり！

カラー

もうひと工夫

POINT!
しっぽの形を丁寧に。

大海原とセットでフレームに。

あり

でき上がり！

POINT!
触角は曲げよう。

カラー

もうひと工夫

✏️ ありの行列のケイ線を描こう。

おたまじゃくしとかえる

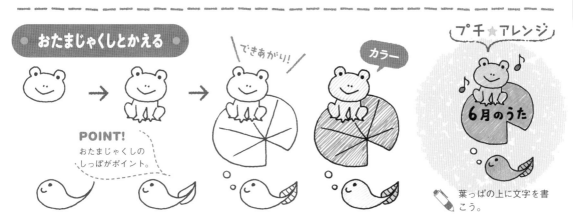

でき上がり！

カラー

POINT!
おたまじゃくしのしっぽがポイント。

プチ★アレンジ

6月のうた

✏️ 葉っぱの上に文字を書こう。

あおむしとちょうちょう

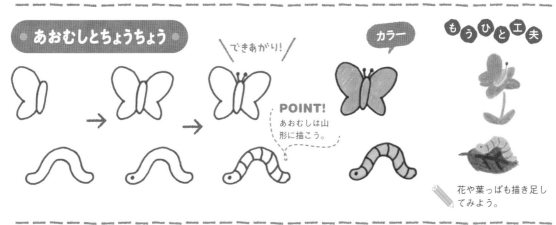

でき上がり！

カラー

POINT!
あおむしは山形に描こう。

もうひと工夫

✏️ 花や葉っぱも描き足してみよう。

かぶとむし

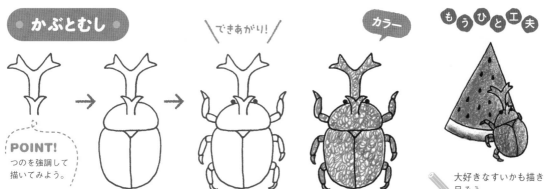

でき上がり！

カラー

POINT!
つのを強調して描いてみよう。

もうひと工夫

✏️ 大好きなすいかも描き足そう。

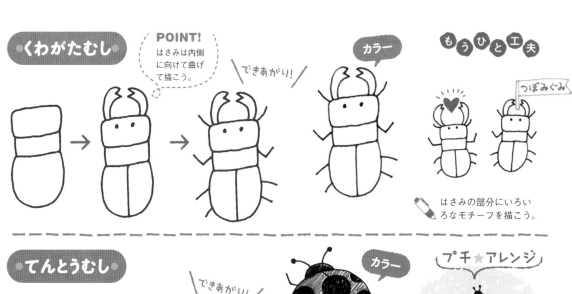

くわがたむし

POINT!
はさみは内側に向けて曲げて描こう。

できあがり!

カラー

もうひと工夫

つぼみぐみ

✏️ はさみの部分にいろいろなモチーフを描こう。

てんとうむし

できあがり!

カラー

プチ★アレンジ

POINT!
黒い丸の模様がてんとうむしのポイント。

✏️ てんとうむしのケイ線を描いてみよう。

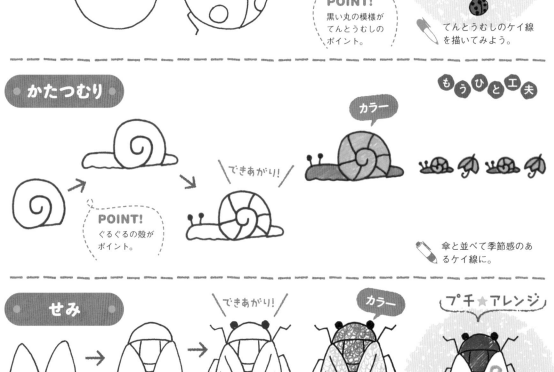

かたつむり

できあがり!

カラー

もうひと工夫

POINT!
ぐるぐるの殻がポイント。

✏️ 傘と並べて季節感のあるケイ線に。

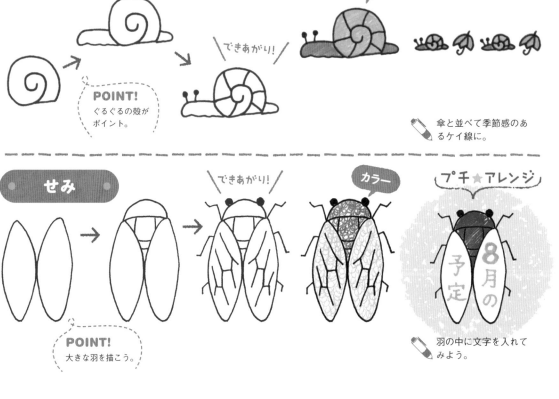

せみ

できあがり!

カラー

プチ★アレンジ

8月の予定

POINT!
大きな羽を描こう。

✏️ 羽の中に文字を入れてみよう。

はち

POINT!
だ円にしましま
模様を描いて。

できあがり!

カラー

プチ★アレンジ

仲間を並べてケイ線に。

ほたる

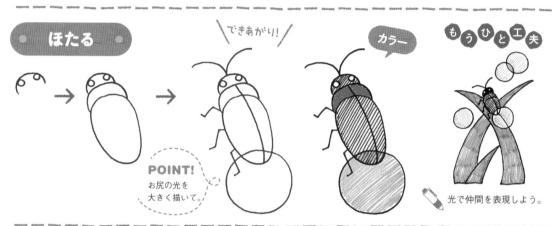

できあがり!

カラー

もうひと工夫

POINT!
お尻の光を
大きく描いて。

光で仲間を表現しよう。

ばった

カラー

もうひと工夫

できあがり!

POINT!
体は三日月の
ような形。

ジャンプ姿も描いてみ
よう。

かまきり

できあがり!

カラー

もうひと工夫

POINT!
かま部分は太め
に描こう。

正面のかまきりも描い
てみよう。

とんぼ

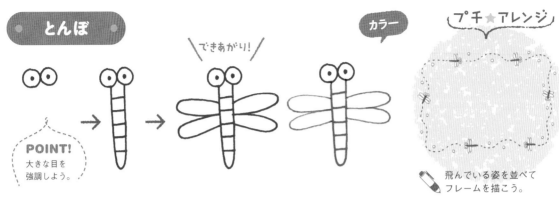

POINT!
大きな目を
強調しよう。

できあがり!

カラー

プチ★アレンジ

飛んでいる姿を並べて
フレームを描こう。

すずむし

POINT!
羽はハート形。

できあがり!

カラー

プチ★アレンジ

音符を付けて音を奏で
ている姿を描こう。

きりぎりす

できあがり!

POINT!
細長い手足
がポイント。

カラー

もうひと工夫

楽器を持たせてみよう。

みのむし

できあがり!

POINT!
巣は長方形をたくさん
重ねるように描こう。

カラー

もうひと工夫

ぼうしやネクタイで、
おしゃれみのむしに。

恐竜①

でできあがり!

カラー

POINT!
顔は四角、前足は小さめに。

もうひと工夫

化石姿にもチャレンジしてみよう。

恐竜②

でできあがり!

カラー

POINT!
大きなつのは最後に描こう。

もうひと工夫

火山を描き足して雰囲気 UP！

おばけ①

でできあがり!

カラー

プチ★アレンジ

POINT!
風船のような形を描こう。

飛んでいるおばけでフレームを描こう。

おばけ②

POINT!
大きな目玉を描いてみよう。

でできあがり!

カラー

もうひと工夫

ひとだまも描き足そう。

空・天気

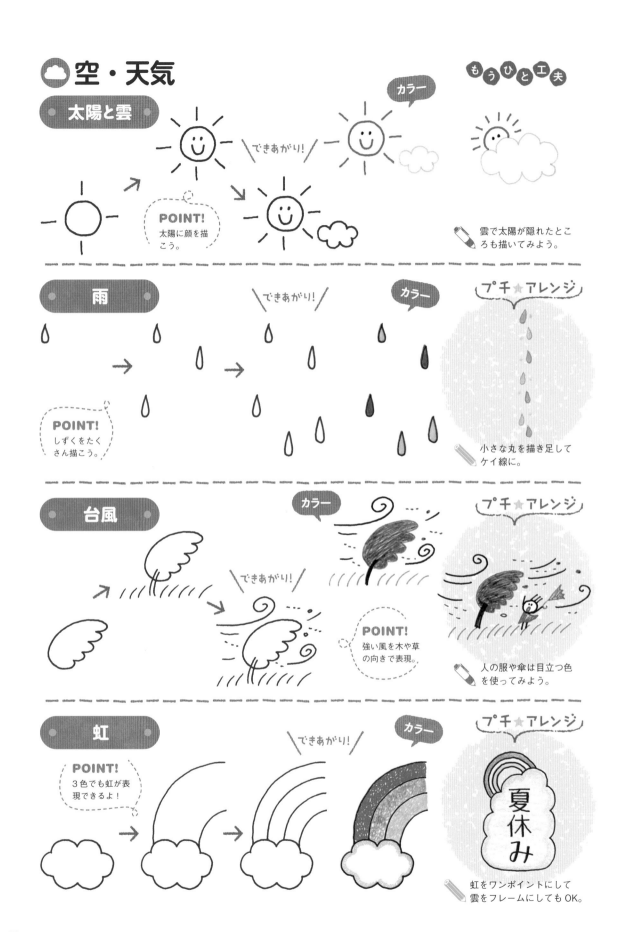

太陽と雲

カラー

もうひと工夫

できあがり！

POINT!
太陽に顔を描こう。

雲で太陽が隠れたところも描いてみよう。

雨

できあがり！

カラー

プチ★アレンジ

POINT!
しずくをたくさん描こう。

小さな丸を描き足してケイ線に。

台風

カラー

プチ★アレンジ

できあがり！

POINT!
強い風を木や草の向きで表現。

人の服や傘は目立つ色を使ってみよう。

虹

できあがり！

カラー

プチ★アレンジ

POINT!
3色でも虹が表現できるよ！

夏休み

虹をワンポイントにして雲をフレームにしてもOK。

雪の結晶

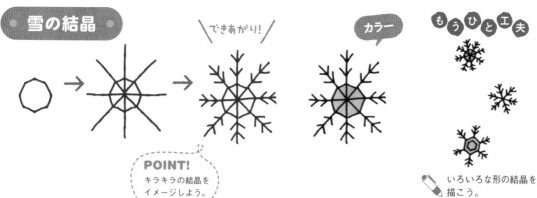

できあがり！

カラー

もうひと工夫

POINT!
キラキラの結晶を
イメージしよう。

いろいろな形の結晶を
描こう。

雪だるま

できあがり！

カラー

プチ★アレンジ

POINT!
大きさの違う丸
を重ねて描こう。

冬休み

大きな体に文字を書け
るよ。

流れ星

POINT!
点線で動きを表現。

カラー

もうひと工夫

できあがり！

流れ星を並べてケイ線
を描こう。

雷小僧

できあがり！

カラー

プチ★アレンジ

POINT!
いなずまマーク
を入れよう。

注意

うずまき雲に文字を書
けるよ。

🍎 食べ物・他

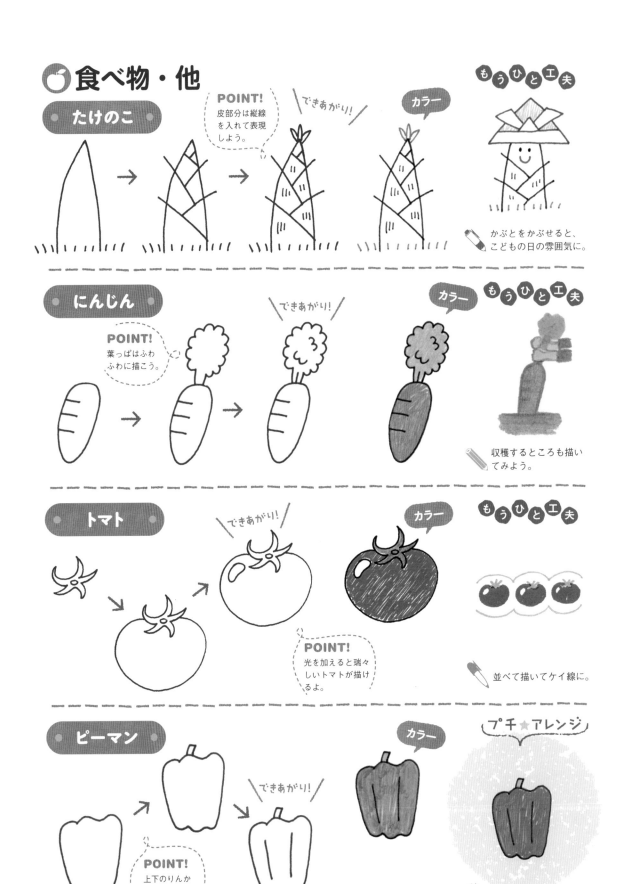

たけのこ

POINT!
皮部分は縦線を入れて表現しよう。

できあがり!

カラー

もうひと工夫

かぶとをかぶせると、こどもの日の雰囲気に。

にんじん

POINT!
葉っぱはふわふわに描こう。

できあがり!

カラー

もうひと工夫

収穫するところも描いてみよう。

トマト

できあがり!

カラー

POINT!
光を加えると瑞々しいトマトが描けるよ。

もうひと工夫

並べて描いてケイ線に。

ピーマン

できあがり!

カラー

POINT!
上下のりんかくは、なみなみ線で描こう。

プチ★アレンジ

色を変えてパプリカに。

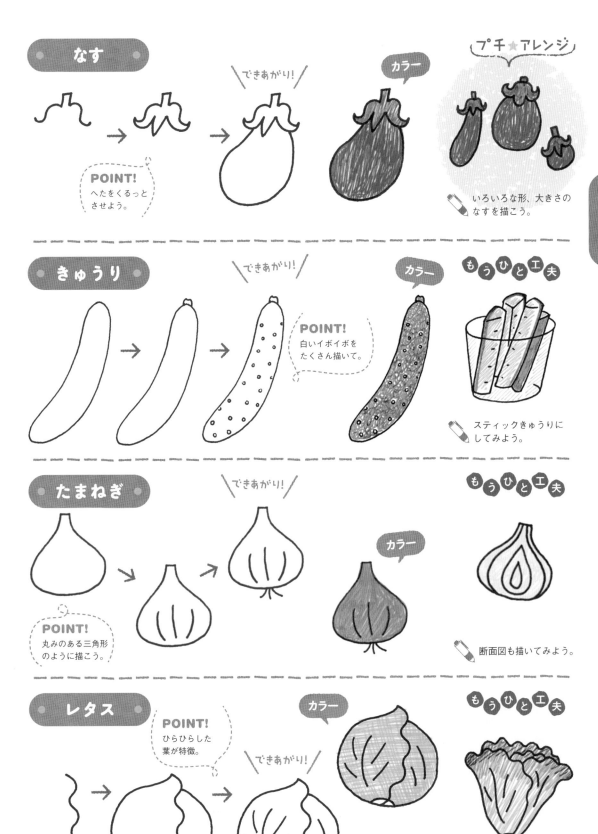

なす

\できあがり!/

カラー

プチ★アレンジ

POINT!
へたをくるっと
させよう。

いろいろな形、大きさの
なすを描こう。

きゅうり

\できあがり!/

カラー

もうひと工夫

POINT!
白いイボイボを
たくさん描いて。

スティックきゅうりに
してみよう。

たまねぎ

\できあがり!/

もうひと工夫

カラー

POINT!
丸みのある三角形
のように描こう。

断面図も描いてみよう。

レタス

POINT!
ひらひらした
葉が特徴。

カラー

もうひと工夫

\できあがり!/

上部をひらひらさせる
とサニーレタスに。

53

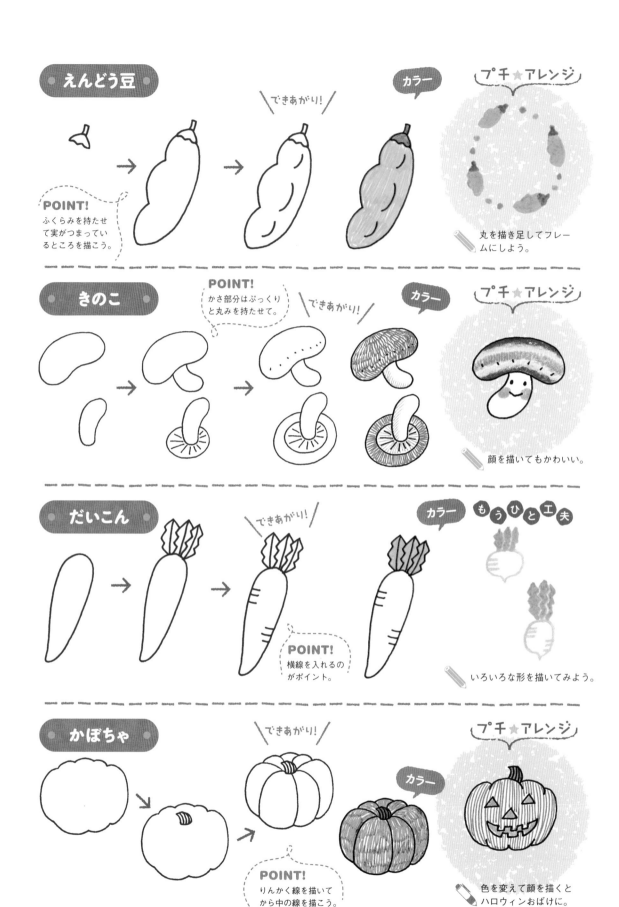

えんどう豆

できあがり！　カラー

プチ★アレンジ

POINT!
ふくらみを持たせて実がつまっているところを描こう。

丸を描き足してフレームにしよう。

きのこ

POINT!
かさ部分はぷっくりと丸みを持たせて。

できあがり！　カラー

プチ★アレンジ

顔を描いてもかわいい。

だいこん

できあがり！　カラー

もうひと工夫

POINT!
横線を入れるのがポイント。

いろいろな形を描いてみよう。

かぼちゃ

できあがり！　カラー

プチ★アレンジ

POINT!
りんかく線を描いてから中の線を描こう。

色を変えて顔を描くとハロウィンおばけに。

いちご

できあがり!

POINT!
つぶつぶを描くといちごらしさが UP。

カラー

プチ★アレンジ

リボンを描き足してかわいいケイ線に。

さくらんぼ

できあがり!

POINT!
軸は曲線で描こう。

カラー

プチ★アレンジ

顔を描いて仲良しさくらんぼ。

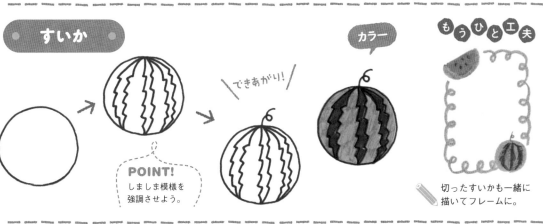

すいか

できあがり!

POINT!
しましま模様を強調させよう。

カラー

もうひと工夫

切ったすいかも一緒に描いてフレームに。

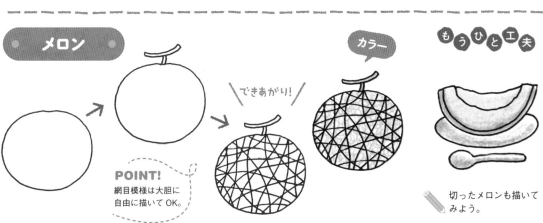

メロン

できあがり!

POINT!
網目模様は大胆に自由に描いて OK。

カラー

もうひと工夫

切ったメロンも描いてみよう。

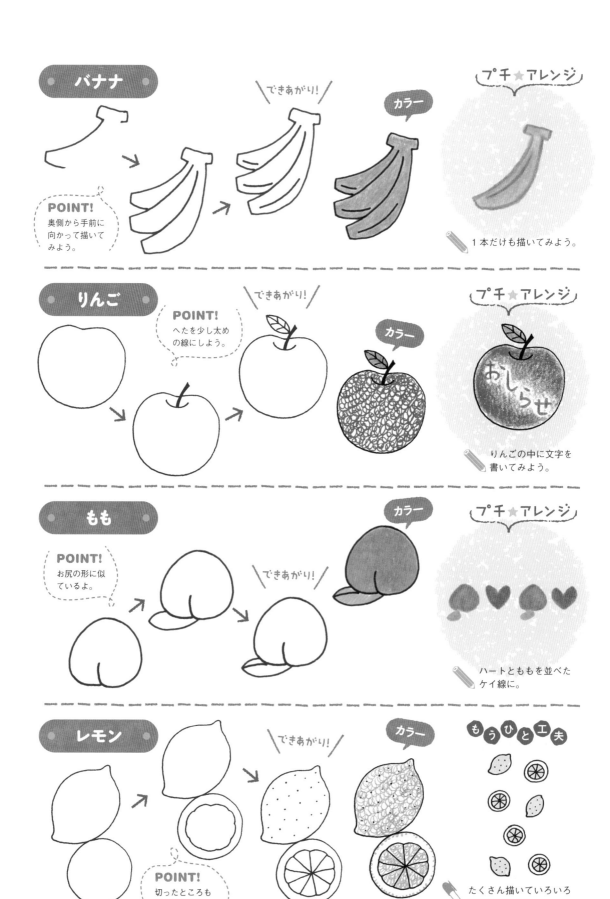

バナナ

できあがり！

カラー

プチ★アレンジ

POINT!
奥側から手前に
向かって描いて
みよう。

1本だけも描いてみよう。

りんご

POINT!
へたを少し太め
の線にしよう。

できあがり！

カラー

プチ★アレンジ

りんごの中に文字を
書いてみよう。

もも

カラー

プチ★アレンジ

POINT!
お尻の形に似
ているよ。

できあがり！

ハートとももを並べた
ケイ線に。

レモン

できあがり！

カラー

もうひと工夫

POINT!
切ったところも
描き添えよう。

たくさん描いていろいろ
な模様に使おう。

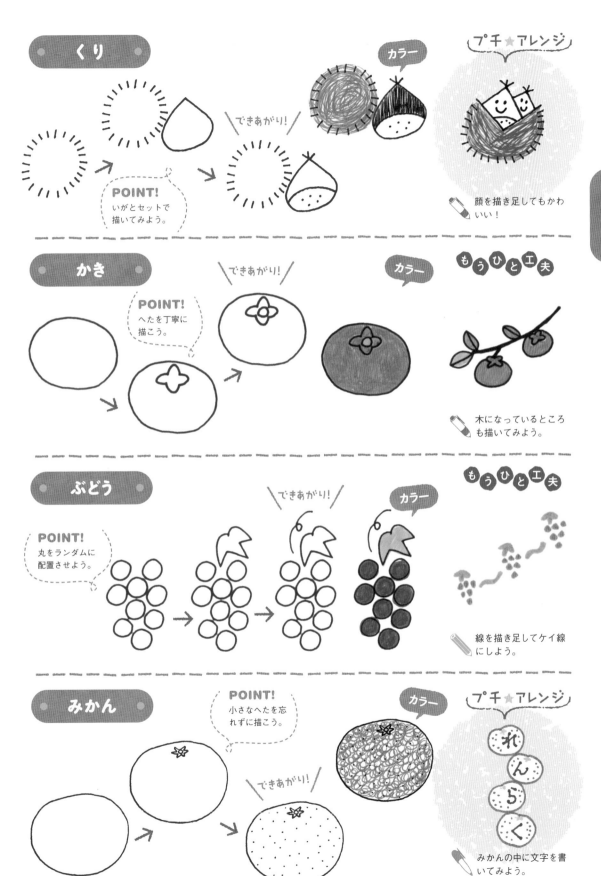

くり

カラー

プチ★アレンジ

POINT!
いがとセットで
描いてみよう。

できあがり！

顔を描き足してもかわ
いい！

かき

できあがり！

カラー

もうひと工夫

POINT!
へたを丁寧に
描こう。

木になっているところ
も描いてみよう。

ぶどう

できあがり！

カラー

もうひと工夫

POINT!
丸をランダムに
配置させよう。

線を描き足してケイ線
にしよう。

みかん

POINT!
小さなへたを忘
れずに描こう。

カラー

プチ★アレンジ

できあがり！

れ
ん
ら
く

みかんの中に文字を書
いてみよう。

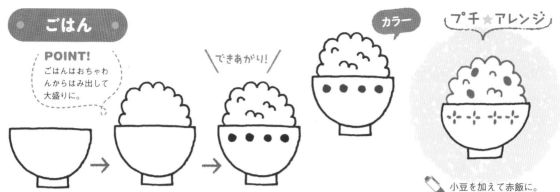

ごはん

POINT!
ごはんはおちゃわんからはみ出して大盛りに。

\できあがり!/

カラー

プチ★アレンジ

✏ 小豆を加えて赤飯に。

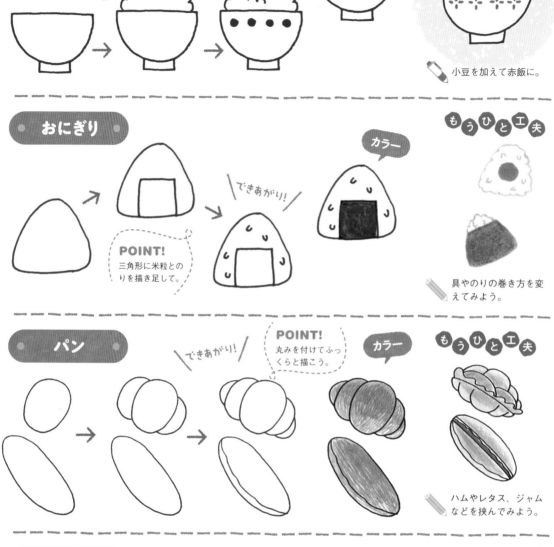

おにぎり

POINT!
三角形に米粒とのりを描き足して。

\できあがり!/

カラー

もうひと工夫

✏ 具やのりの巻き方を変えてみよう。

パン

\できあがり!/

POINT!
丸みを付けてふっくらと描こう。

カラー

もうひと工夫

✏ ハムやレタス、ジャムなどを挟んでみよう。

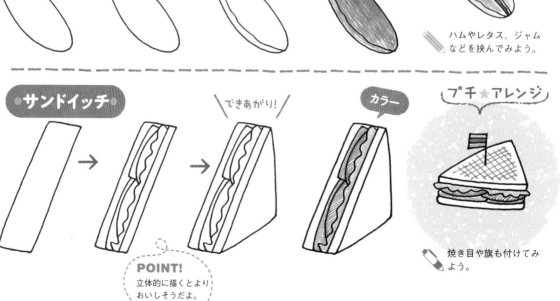

サンドイッチ

\できあがり!/

カラー

プチ★アレンジ

POINT!
立体的に描くとよりおいしそうだよ。

✏ 焼き目や旗も付けてみよう。

お弁当

POINT!
たこウィンナー
がポイント。

でき あがり！

カラー

もうひと工夫

おべんとう
の日

🖍 フォークとスプーンを
描き足してフレームに。

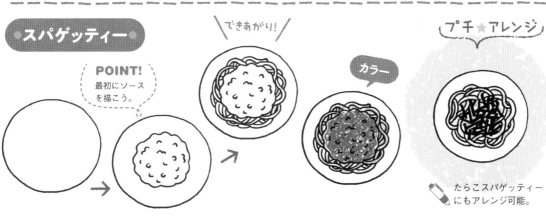

スパゲッティー

POINT!
最初にソース
を描こう。

でき あがり！

カラー

プチ★アレンジ

🖍 たらこスパゲッティー
にもアレンジ可能。

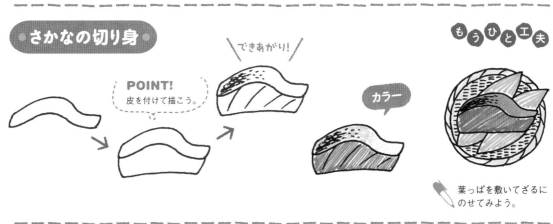

さかなの切り身

POINT!
皮を付けて描こう。

でき あがり！

カラー

もうひと工夫

🖍 葉っぱを敷いてざるに
のせてみよう。

カレー

でき あがり！

カラー

もうひと工夫

POINT!
ルーとごはんをバ
ランスよく描こう。

🖍 器を描き足して、本場
の雰囲気をプラス！

59

お子さまランチ

でき**あがり**! ／

カラー

プチ★アレンジ

POINT!
人気のオムライ
スを描こう。

ケチャップの模様は変
幻自在！

クッキー

POINT!
いろいろな形の
クッキーを描こう。

でき**あがり**! ／

カラー

プチ★アレンジ

音符を描き足してケイ線に。

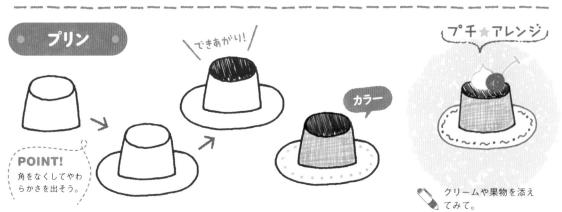

プリン

でき**あがり**! ／

カラー

プチ★アレンジ

POINT!
角をなくしてやわ
らかさを出そう。

クリームや果物を添え
てみて。

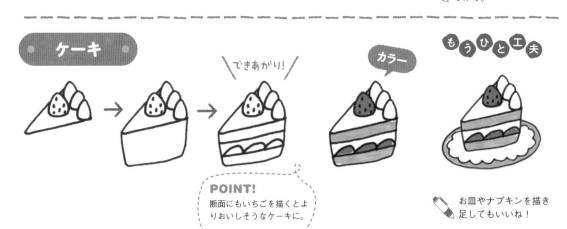

ケーキ

でき**あがり**! ／

カラー

もうひと工夫

POINT!
断面にもいちごを描くとよ
りおいしそうなケーキに。

お皿やナプキンを描き
足してもいいね！

誕生日ケーキ

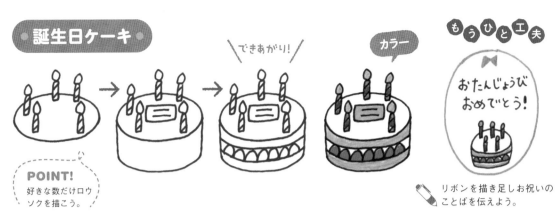

できあがり！

カラー

もうひと工夫

おたんじょうび
おめでとう！

POINT!
好きな数だけロウ
ソクを描こう。

✏ リボンを描き足しお祝いの
ことばを伝えよう。

ドーナツ

POINT!
丸の中に小さな
丸を描いてコー
ティング。

できあがり！

カラー

プチ★アレンジ

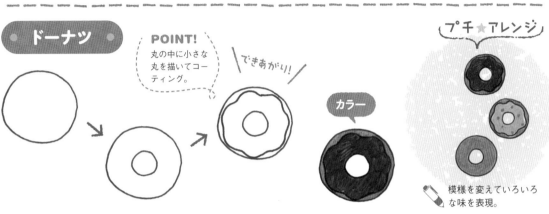

✏ 模様を変えていろいろ
な味を表現。

ソフトクリーム

できあがり！

カラー

プチ★アレンジ

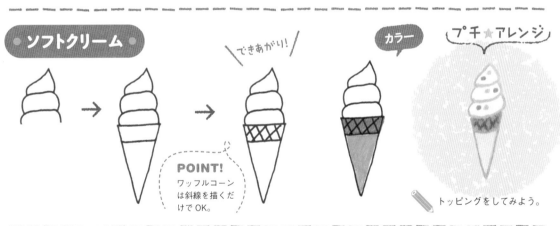

POINT!
ワッフルコーン
は斜線を描くだ
けで OK。

✏ トッピングをしてみよう。

牛乳

できあがり！

カラー

プチ★アレンジ

milk

milk

milk

POINT!
立体的に描い
てみよう。

✏ 模様やイラストを付け
加えてみよう。

コップとお皿

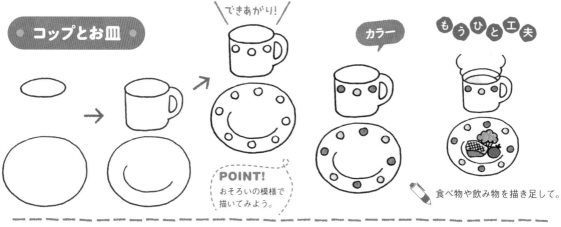

できあがり!

カラー

もうひと工夫

POINT!
おそろいの模様で描いてみよう。

食べ物や飲み物を描き足して。

ティーポットとカップ

カラー

もうひと工夫

POINT!
ティーポットはふたから描こう。

できあがり!

注いでいるところも描いてみよう。

おなべ

カラー

プチ★アレンジ

今日のこんだて

できあがり!

POINT!
丸みを持たせるとかわいいおなべになるよ。

おなべから出た湯気の中に文字を書こう。

おたま

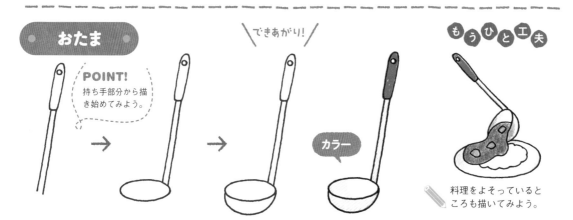

できあがり!

もうひと工夫

POINT!
持ち手部分から描き始めてみよう。

カラー

料理をよそっているところも描いてみよう。

🚗 乗り物

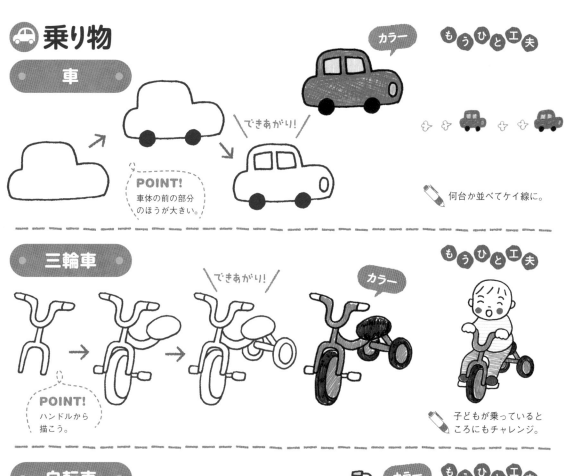

車

できあがり！

カラー

もうひと工夫

POINT!
車体の前の部分
のほうが大きい。

✏️ 何台か並べてケイ線に。

三輪車

できあがり！

カラー

もうひと工夫

POINT!
ハンドルから
描こう。

✏️ 子どもが乗っていると
ころにもチャレンジ。

自転車

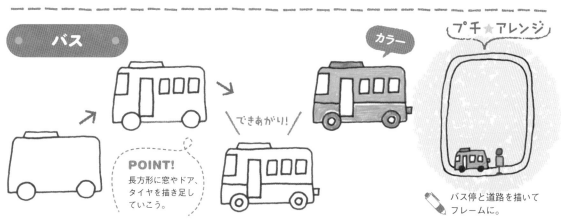

できあがり！

カラー

もうひと工夫

POINT!
特徴的な部分だ
け描けばOK。

✏️ 人を乗せて描いてみよう。

バス

できあがり！

カラー

プチ★アレンジ

POINT!
長方形に窓やドア、
タイヤを描き足し
ていこう。

✏️ バス停と道路を描いて
フレームに。

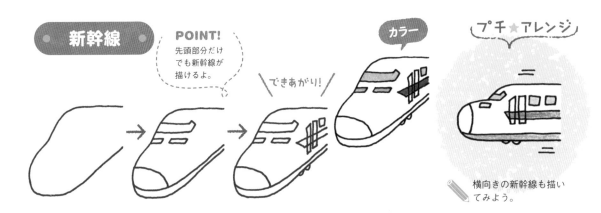

新幹線

POINT!
先頭部分だけでも新幹線が描けるよ。

できあがり！

カラー

プチ★アレンジ

✐ 横向きの新幹線も描いてみよう。

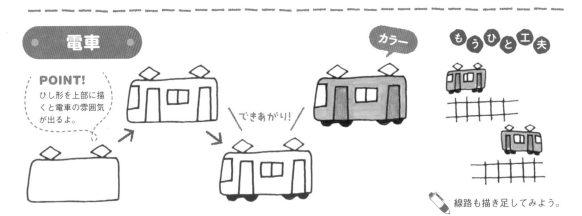

電車

POINT!
ひし形を上部に描くと電車の雰囲気が出るよ。

できあがり！

カラー

もうひと工夫

✐ 線路も描き足してみよう。

汽車

カラー

できあがり！

POINT!
もくもく煙を描いてみよう。

もうひと工夫

✐ 煙をフレームにしよう。

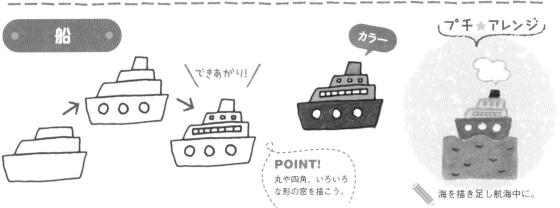

船

できあがり！

カラー

POINT!
丸や四角、いろいろな形の窓を描こう。

プチ★アレンジ

✐ 海を描き足し航海中に。

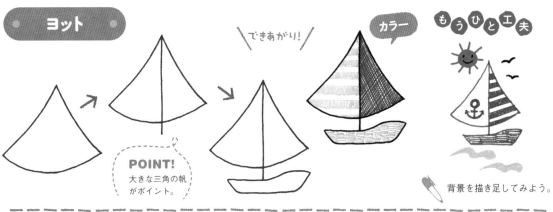

ヨット

POINT!
大きな三角の帆
がポイント。

できあがり!

カラー

もうひと工夫

背景を描き足してみよう。

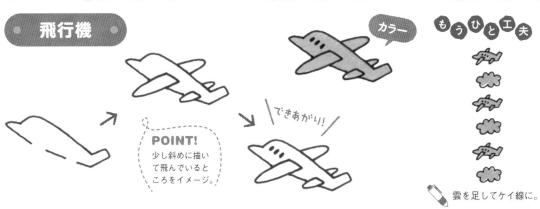

飛行機

POINT!
少し斜めに描い
て飛んでいると
ころをイメージ。

できあがり!

カラー

もうひと工夫

雲を足してケイ線に。

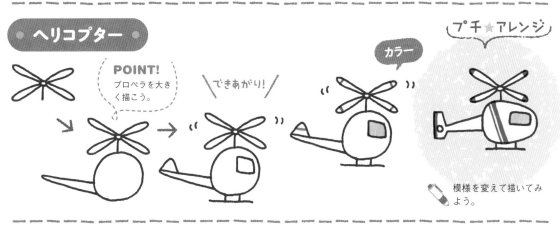

ヘリコプター

POINT!
プロペラを大き
く描こう。

できあがり!

カラー

プチ★アレンジ

模様を変えて描いてみ
よう。

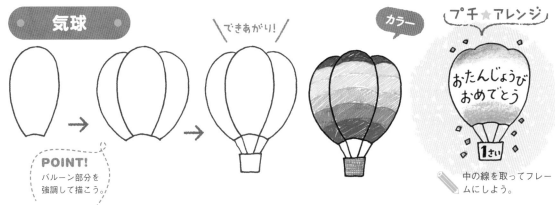

気球

できあがり!

カラー

プチ★アレンジ

おたんじょうび
おめでとう

1さい

POINT!
バルーン部分を
強調して描こう。

中の線を取ってフレー
ムにしよう。

65

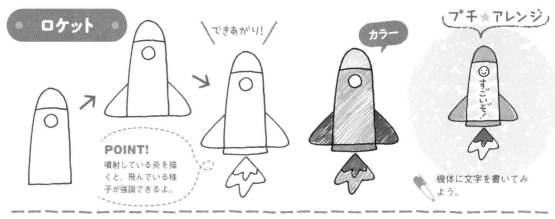

ロケット

できあがり！

カラー

POINT!
噴射している炎を描くと、飛んでいる様子が強調できるよ。

プチ★アレンジ

すごいぞ！

機体に文字を書いてみよう。

ダンプカー

カラー

もうひと工夫

POINT!
荷台を長めに描こう。

できあがり！

荷台を傾けてみよう。

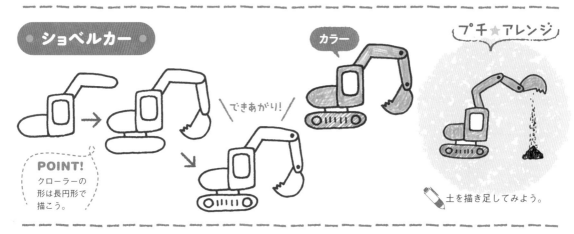

ショベルカー

カラー

できあがり！

プチ★アレンジ

POINT!
クローラーの形は長円形で描こう。

土を描き足してみよう。

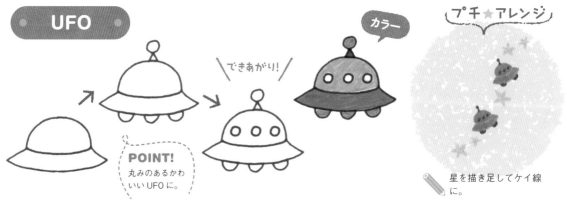

UFO

できあがり！

カラー

プチ★アレンジ

POINT!
丸みのあるかわいいUFOに。

星を描き足してケイ線に。

保育のイラスト

♪ 園生活

はいはい

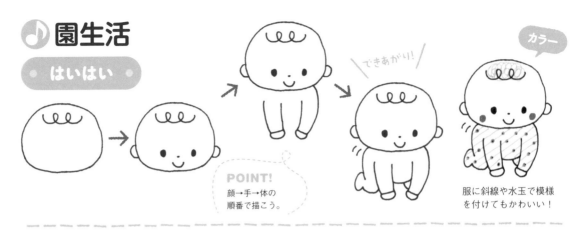

POINT!
顔→手→体の
順番で描こう。

カラー

服に斜線や水玉で模様
を付けてもかわいい！

つたい歩き

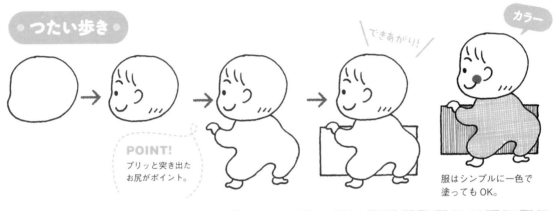

POINT!
プリッと突き出た
お尻がポイント。

カラー

服はシンプルに一色で
塗ってもOK。

歩く

POINT!
手足は交互に
出して描こう。

カラー

スカートを水玉模様に
してみよう。

走る

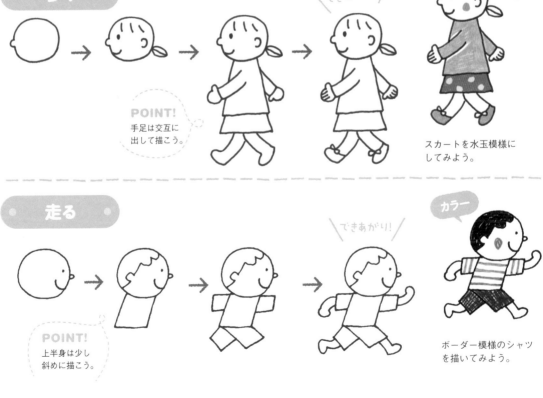

POINT!
上半身は少し
斜めに描こう。

カラー

ボーダー模様のシャツ
を描いてみよう。

転ぶ

\できあがり!/

カラー

POINT!
顔を大きく、足を小さく描こう。

服は全身同じ色で塗ってみよう。

体操

POINT!
左手をのばして動きを表現。

\できあがり!/

カラー

髪の毛は斜線塗りでOK。

ダンス

\できあがり!/

カラー

POINT!
音符も描き足そう。

明るい色の服にすると元気な雰囲気が出るよ。

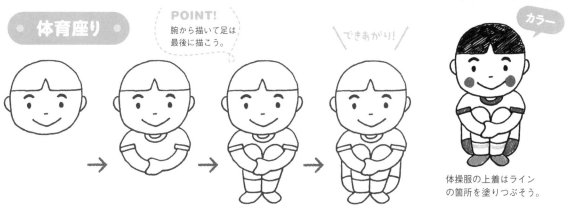

体育座り

POINT!
腕から描いて足は最後に描こう。

\できあがり!/

カラー

体操服の上着はラインの箇所を塗りつぶそう。

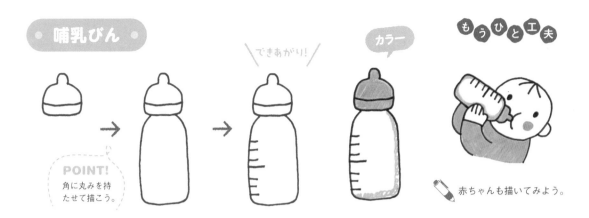

哺乳びん

でき上がり！

カラー

もうひと工夫

POINT!
角に丸みを持たせて描こう。

✏ 赤ちゃんも描いてみよう。

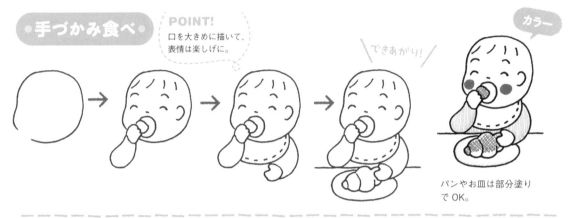

手づかみ食べ

POINT!
口を大きめに描いて、表情は楽しげに。

でき上がり！

カラー

パンやお皿は部分塗りでOK。

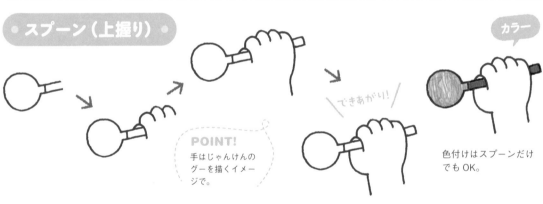

スプーン（上握り）

カラー

でき上がり！

POINT!
手はじゃんけんのグーを描くイメージで。

色付けはスプーンだけでもOK。

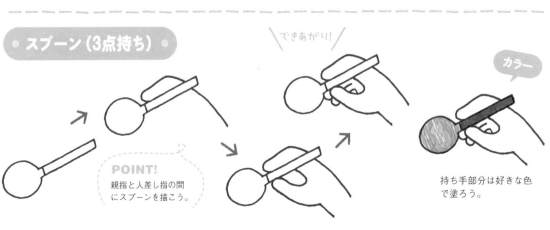

スプーン（3点持ち）

でき上がり！

カラー

POINT!
親指と人差し指の間にスプーンを描こう。

持ち手部分は好きな色で塗ろう。

おむつ交換

できあがり！

カラー

POINT!
大人の背中を丸
めて描こう。

チェックのエプロンを
描こう。

トイレ（おまる）

できあがり！

カラー

POINT!
おまるの持ち手を
忘れずに描こう。

おまるは部分塗りで
OK。

トイレ（洋式便器）

できあがり！

カラー

POINT!
便器は最後に
描こう。

便器は部分塗りで OK。

トイレ（立便器）

できあがり！

カラー

POINT!
子どもの横顔を
描こう。

下げたズボンにも色を
塗ろう。

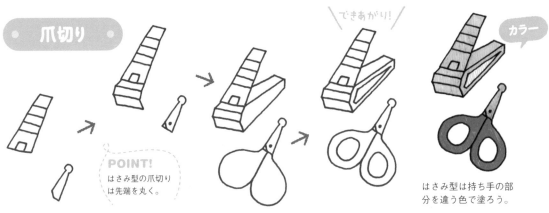

爪切り

できあがり！

カラー

POINT!
はさみ型の爪切り
は先端を丸く。

はさみ型は持ち手の部
分を違う色で塗ろう。

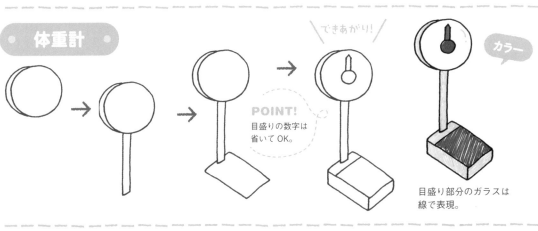

体重計

できあがり！

カラー

POINT!
目盛りの数字は
省いて OK。

目盛り部分のガラスは
線で表現。

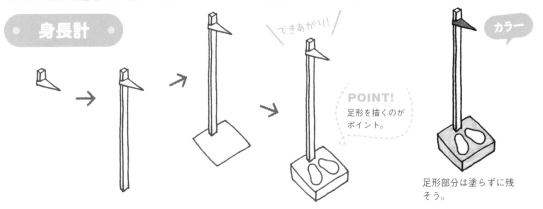

身長計

できあがり！

カラー

POINT!
足形を描くのが
ポイント。

足形部分は塗らずに残
そう。

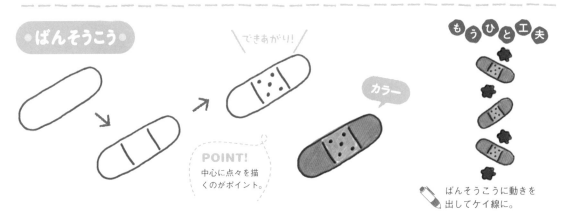

ばんそうこう

できあがり！

カラー

もうひと工夫

POINT!
中心に点々を描
くのがポイント。

ばんそうこうに動きを
出してケイ線に。

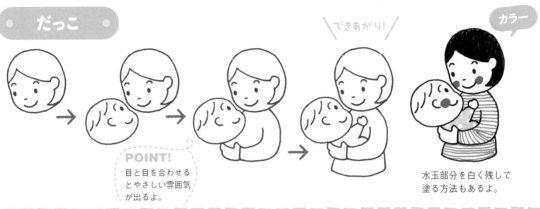

だっこ

できあがり！

カラー

POINT!
目と目を合わせるとやさしい雰囲気が出るよ。

水玉部分を白く残して塗る方法もあるよ。

おんぶ

POINT!
赤ちゃんはおんぶ布から顔を出して。

できあがり！

カラー

おんぶひもは好きな色で塗ろう。

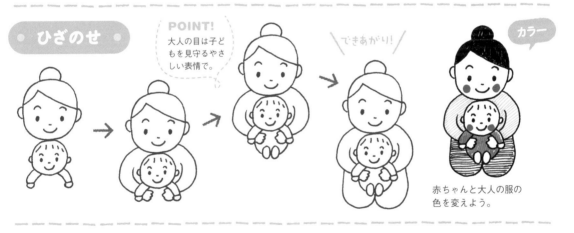

ひざのせ

POINT!
大人の目は子どもを見守るやさしい表情で。

できあがり！

カラー

赤ちゃんと大人の服の色を変えよう。

手つなぎ

できあがり！

カラー

POINT!
大人の手で子どもの手を包むように。

大人と子どもの服の色を変えてみよう。

はみがき

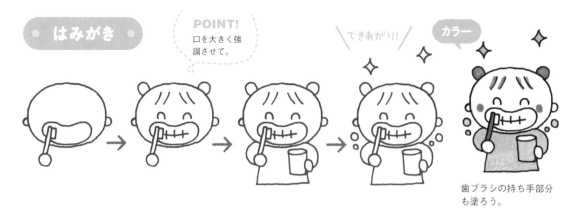

POINT!
口を大きく強調させて。

できあがり!

カラー

歯ブラシの持ち手部分も塗ろう。

手洗い

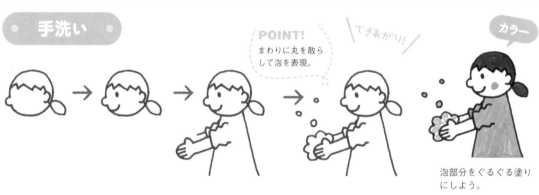

POINT!
まわりに丸を散らして泡を表現。

できあがり!

カラー

泡部分をぐるぐる塗りにしよう。

うがい

できあがり!

カラー

POINT!
口の中が見えるように描こう。

口の中の水も忘れずに塗ろう。

マスク姿

POINT!
マスクで鼻と口を隠そう。

できあがり!

カラー

マスクは全部塗らなくて OK。

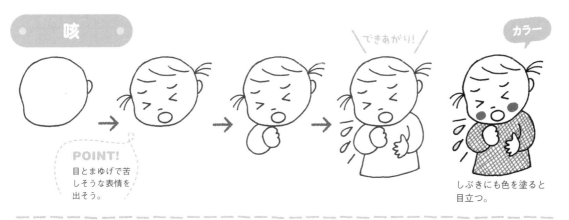

咳

でき あがり！

カラー

POINT!
目とまゆげで苦しそうな表情を出そう。

しぶきにも色を塗ると目立つ。

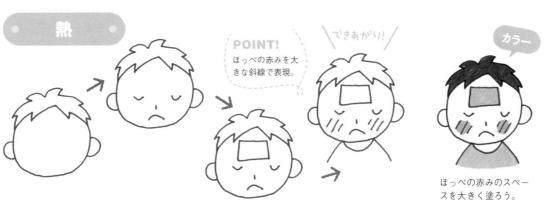

熱

POINT!
ほっぺの赤みを大きな斜線で表現。

でき あがり！

カラー

ほっぺの赤みのスペースを大きく塗ろう。

鼻をかむ

POINT!
まゆげの角度で力を入れている雰囲気が出るよ。

でき あがり！

カラー

そで部分の模様を自由に塗ってみよう。

ばいきん

でき あがり！

カラー

プチ★アレンジ

POINT!
目をつり上げて、イタズラな雰囲気を出そう。

目や口、触角を変えて弱ったばいきんに。

夏服

\できあがり!/

カラー

プチ★アレンジ

POINT!
四角、台形、丸
の組み合わせ。

✏ 模様や形を少し変える
だけでアレンジ自在。

冬服

\できあがり!/

カラー

プチ★アレンジ

POINT!
セーターや毛糸のぼう
しを加えて冬服を表現。

✏ ハイネックやジーパン
にもできる。

下着

POINT!
はきぐちのゴムをなみ
線で描いてみよう。

\できあがり!/

カラー

プチ★アレンジ

✏ アップリケを付けて、
かわいくアレンジ。

スモック

\できあがり!/

カラー

もうひと工夫

POINT!
ゴムのしわを
入れよう。

✏ 子どもが着ている姿も
描いてみよう。

服を着る

できあがり!

POINT!
片手を隠すと着ている最中の様子が描ける。

カラー

着ている服を目立つ色にしてもいいね。

服をたたむ

POINT!
手首をくねっと曲げよう。

できあがり!

カラー

たたんでいるTシャツにも模様を入れてみよう。

あくび

POINT!
大きな口に手を添えて描こう。

できあがり!

カラー

えり部分は塗らずに残してもOK。

お昼寝

カラー

できあがり!

POINT!
布団を大きめに描こう。

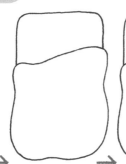

かけ布団だけ色を塗ってもOK。

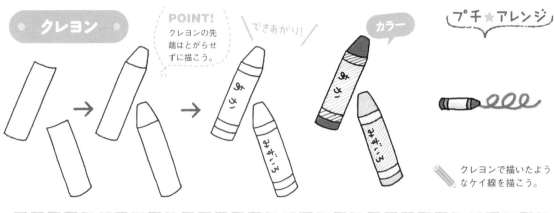

クレヨン

POINT!
クレヨンの先端はとがらせずに描こう。

できあがり!

カラー

プチ★アレンジ

✏️ クレヨンで描いたようなケイ線を描こう。

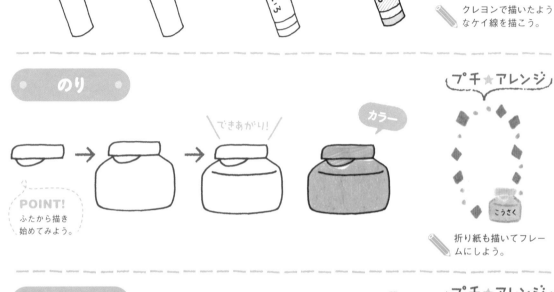

のり

POINT!
ふたから描き始めてみよう。

できあがり!

カラー

プチ★アレンジ

こうさく

✏️ 折り紙も描いてフレームにしよう。

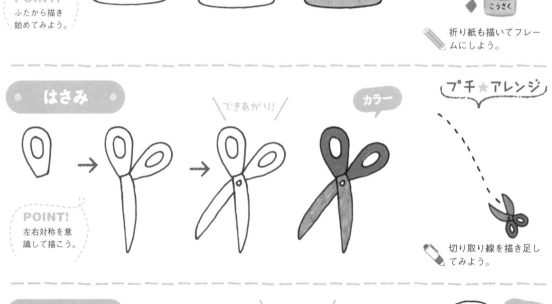

はさみ

POINT!
左右対称を意識して描こう。

できあがり!

カラー

プチ★アレンジ

✏️ 切り取り線を描き足してみよう。

工作

できあがり!

POINT!
道具を一緒に描いて楽しい工作風景に。

カラー

斜線塗りや塗りつぶしを使い分けてみよう。

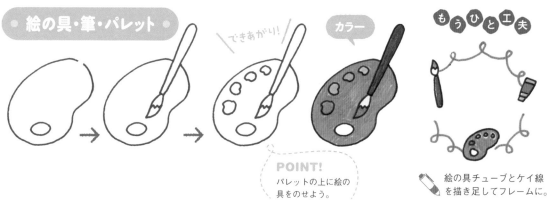

絵の具・筆・パレット

\できあがり!/

カラー

もうひと工夫

POINT!
パレットの上に絵の具をのせよう。

絵の具チューブとケイ線を描き足してフレームに。

お絵描き

\できあがり!/

カラー

POINT!
両腕を先に描くといいよ。

目立つ色のクレヨンを描くといいね。

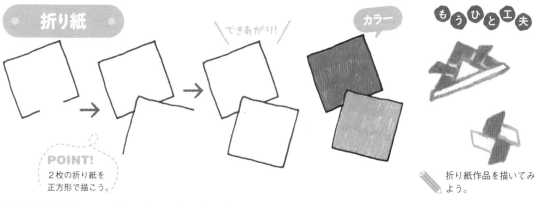

折り紙

\できあがり!/

カラー

もうひと工夫

POINT!
2枚の折り紙を正方形で描こう。

折り紙作品を描いてみよう。

読書

\できあがり!/

カラー

プチ★アレンジ

POINT!
本を最初に描いてみよう。

絵本の中に見出しの文字を書けるよ。

積み木

でa きあがり!

カラー

POINT!
手と積み木が重なると
きは手を先に描こう。

カラフルな積み木でも
OK。

砂場

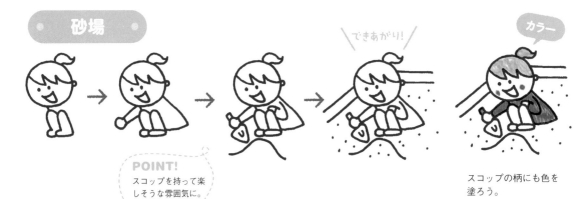

でa きあがり!

カラー

POINT!
スコップを持って楽
しそうな雰囲気に。

スコップの柄にも色を
塗ろう。

シャボン玉

でa きあがり!

カラー

POINT!
顔は少し上向
きに描こう。

シャボン玉は部分塗り
で OK。

手あそび

でa きあがり!

カラー

POINT!
楽しそうな表情
を描こう。

ワンピースとくつの色
を同じにしてみよう。

● ままごと① ●

POINT!
調理器具を持た
せてみよう。

でき上がり!

カラー

ままごと道具は塗りつ
ぶして。

● ままごと② ●

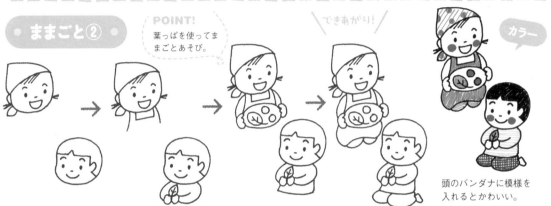

POINT!
葉っぱを使ってま
まごとあそび。

でき上がり!

カラー

頭のバンダナに模様を
入れるとかわいい。

● ボールあそび① ●

でき上がり!

POINT!
ボールは顔と同じく
らい大きく描こう。

カラー

ボールは好きな色で塗
ろう。

● ボールあそび② ●

でき上がり!

カラー

POINT!
顔とボールを
先に描こう。

服は斜線塗りがたくさ
んあっても OK。

鬼ごっこ

POINT!
にぎやかな様子を
手の動きでも表現。

できあがり!

カラー

好きな色で子どもの服
を塗ろう。

わらべうた

できあがり!

カラー

POINT!
顔を描いたあとに手
をつながせよう。

子どもの服をいろいろ
な色や線で描こう。

てつぼう

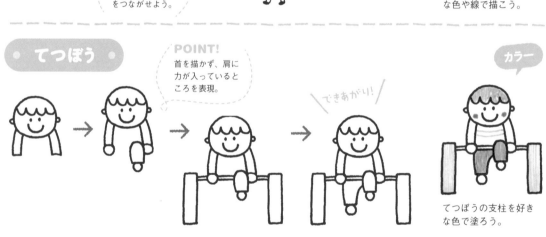

POINT!
首を描かず、肩に
力が入っていると
ころを表現。

できあがり!

カラー

てつぼうの支柱を好き
な色で塗ろう。

すべりだい

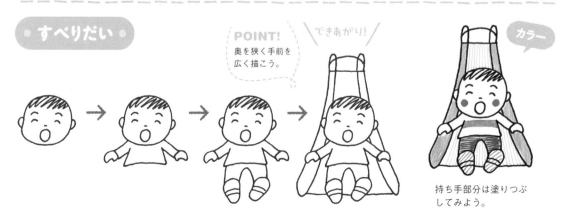

POINT!
奥を狭く手前を
広く描こう。

できあがり!

カラー

持ち手部分は塗りつぶ
してみよう。

けん盤ハーモニカ

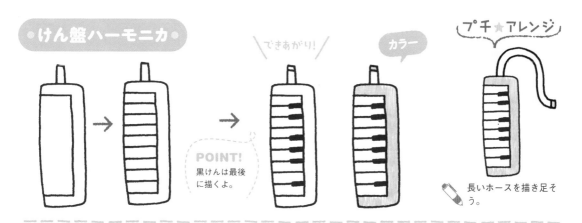

\できあがり!/

カラー

プチ★アレンジ

POINT!
黒けんは最後に描くよ。

✎ 長いホースを描き足そう。

ピアノ

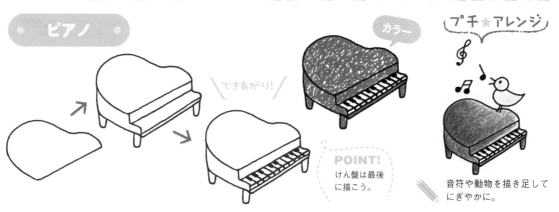

カラー

\できあがり!/

プチ★アレンジ

POINT!
けん盤は最後に描こう。

✎ 音符や動物を描き足してにぎやかに。

カスタネット

POINT!
ひもを付けるとよりカスタネットらしくなるよ。

\できあがり!/

カラー

もうひと工夫

✎ 手を描き足して演奏をしている姿を描こう。

歌をうたう

POINT!
大きな口で元気に歌っている姿を描こう。

\できあがり!/

カラー

子どもの服を好きな色で塗りつぶそう。

片づけ①

カラー

できあがり!

POINT!
子どもを先に描くと描きやすい。

ワンピースを水玉模様に。

片づけ②

カラー

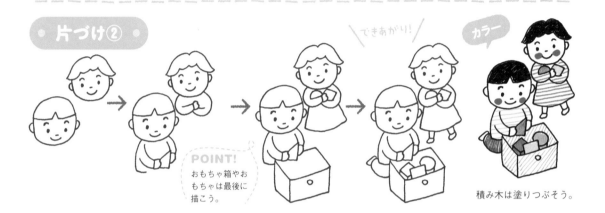

できあがり!

POINT!
おもちゃ箱やおもちゃは最後に描こう。

積み木は塗りつぶそう。

つくえ拭き

POINT!
動きの線を入れてみよう。

カラー

できあがり!

緑の線を入れて、ボーダーシャツに。

ほうきかけ

カラー

できあがり!

POINT!
ほうきの柄は長めに描いてOK。

ほうきの柄も忘れずに塗ろう。

園舎

カラー

もうひと工夫

できあがり!

POINT!
窓やドア、時計も描き足してみよう。

🖊 木や背景を変えて、季節感を出そう。

おうち

できあがり!

カラー

もうひと工夫

POINT!
カーテンや屋根の模様を付けて素敵なおうちに。

🖊 子どもを描き足してみよう。

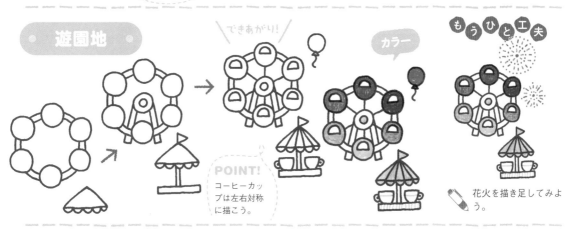

遊園地

できあがり!

カラー

もうひと工夫

POINT!
コーヒーカップは左右対称に描こう。

🖊 花火を描き足してみよう。

動物園

できあがり!

カラー

もうひと工夫

ZOO

POINT!
人気の動物を集合させよう。

🖊 柵を描き足してみよう。

✿ 4・5・6月の行事

入園式

> カラー

POINT!
服の前にメダルを
描こう。

✏ メダルにも好きな色を
塗ろう。

●チューリップ●

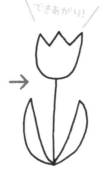

> できあがり！

> カラー

POINT!
花の先端をギザ
ギザで描こう。

> プチ★アレンジ

✏ リボンとチューリップの
組み合わせでケイ線に。

桜

> できあがり！

> カラー

POINT!
もこもこ部分は三
角をイメージして
描こう。

> もうひと工夫

✏ 花びらを散らして
フレームを描こう。

●菜の花とつくし●

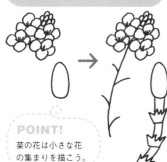

> できあがり！

> カラー

POINT!
菜の花は小さな花
の集まりを描こう。

> もうひと工夫

✏ かごに盛っても素敵。

86

通園バッグ

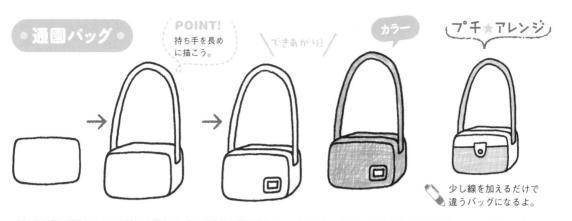

POINT!
持ち手を長めに描こう。

＼できあがり！／

カラー

プチ★アレンジ

少し線を加えるだけで違うバッグになるよ。

うわばき

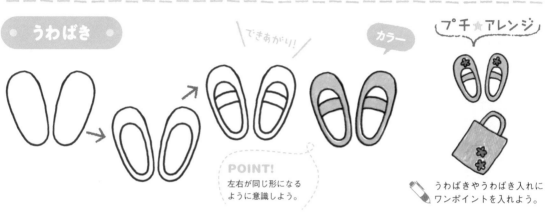

＼できあがり！／

カラー

プチ★アレンジ

POINT!
左右が同じ形になるように意識しよう。

うわばきやうわばき入れにワンポイントを入れよう。

身体測定

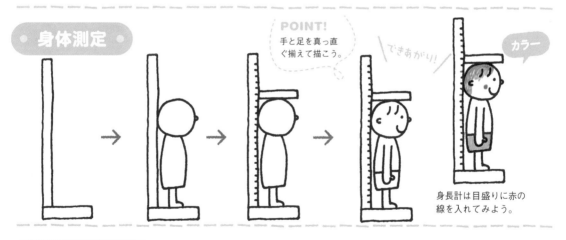

POINT!
手と足を真っ直ぐ揃えて描こう。

＼できあがり！／

カラー

身長計は目盛りに赤の線を入れてみよう。

交通安全週間

＼できあがり！／

カラー

POINT!
大きな旗を描いてみよう。

旗とぼうしを黄色で塗ろう。

遠足

\できあがり!/

カラー

POINT!
窓から見える顔は
笑顔にしよう。

好きな色でバスを塗ろ
う。

お弁当と水筒

\できあがり!/

カラー

もうひと工夫

POINT!
大きなおにぎり
を描こう。

お弁当を包んでいると
ころも描いてみよう。

リュック

POINT!
肩掛け部分を広
げて描こう。

\できあがり!/

カラー

もうひと工夫

遠足アイテムで
フレームを描こう。

麦わらぼうし

\できあがり!/

カラー

プチ☆アレンジ

POINT!
横線で麦わらの繊
維を表現しよう。

飾りを付けてより
素敵なぼうしに。

こいのぼり

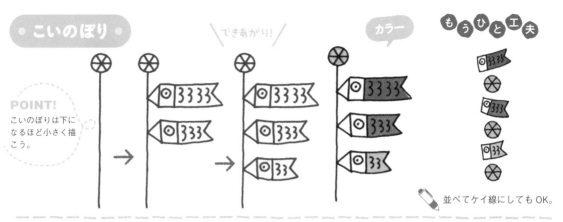

\できあがり!/　　カラー

もうひと工夫

POINT!
こいのぼりは下に
なるほど小さく描
こう。

並べてケイ線にしても OK。

かぶと

\できあがり!/　　カラー

もうひと工夫

POINT!
折り紙のかぶとは
直線で描こう。

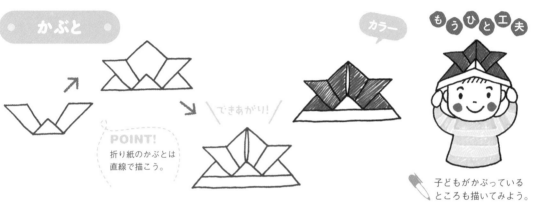

子どもがかぶっている
ところも描いてみよう。

かしわもち

\できあがり!/　　カラー

プチ★アレンジ

POINT!
おもちを包む葉っぱ
を丁寧に描こう。

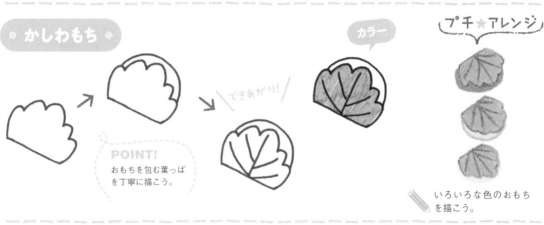

いろいろな色のおもち
を描こう。

しょうぶ

\できあがり!/　　カラー

もうひと工夫

POINT!
長くとがった葉っ
ぱがポイント。

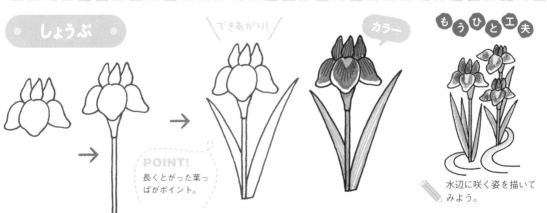

水辺に咲く姿を描いて
みよう。

母の日

POINT!
カーネーションを
プレゼントしてい
る姿を描こう。

\できあがり!/

 →

カーネーションを赤で
塗ろう。

カーネーション

\できあがり!/

カラー

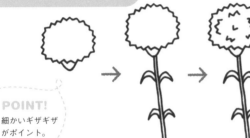

POINT!
細かいギザギザ
がポイント。

プチ★アレンジ

リボンを添えてプレゼ
ント風に。

父の日

POINT!
似顔絵をプレゼ
ントしている姿
を描こう。

\できあがり!/

カラー

お父さんの絵にも色を
塗ろう。

参観日

POINT!
子どもの体の向き
を少し変えると動
きが出るよ。

\できあがり!/

カラー

ボーダーや水玉で子ど
もたちの服の違いが出
せるよ。

てるてる坊主

POINT!
雨のしずくは大きめでも OK。

できあがり！

カラー

もうひと工夫

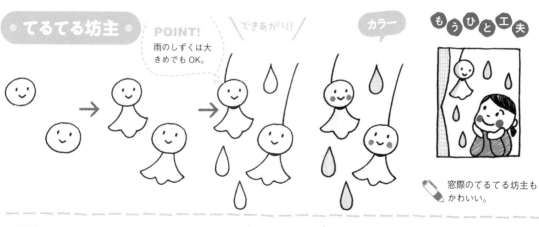

窓際のてるてる坊主もかわいい。

あじさい

POINT!
もこもこした枠の中に花を描こう。

できあがり！

カラー

プチ★アレンジ

あじさいが咲いたよ！

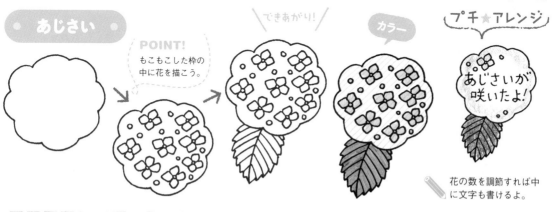

花の数を調節すれば中に文字も書けるよ。

かさ

できあがり！

カラー

POINT!
持ち手の先を丸めて描こう。

プチ★アレンジ

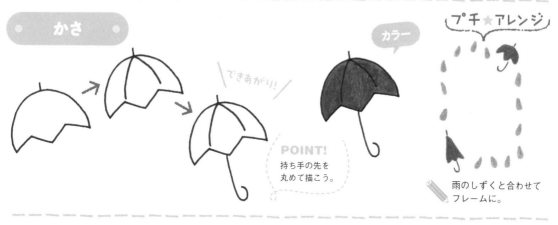

雨のしずくと合わせてフレームに。

長ぐつとレインコート

できあがり！

カラー

もうひと工夫

POINT!
長ぐつにワンポイントのマークを描くとかわいい。

女の子に着せてみよう。

7・8・9月の行事

おり姫

できあがり!

POINT!
羽衣を描いてね。

羽衣はピンクで塗りつぶそう。

ひこ星

POINT!
髪型はおだんご風に。

できあがり!

点線で上着の模様を入れてみよう。

七夕飾り①

できあがり!

POINT!
先に笹を描いて、あとから短冊を描こう。

カラー

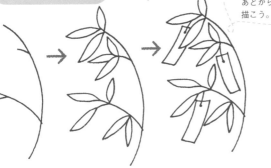

プチ★アレンジ

短冊をフレームにして文字を書こう。

七夕飾り②

POINT!
吹き流しやちょうちんも描いてみよう。

できあがり!

カラー

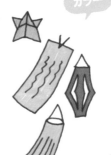

プチ★アレンジ

笹の葉も描いて飾ってみよう。

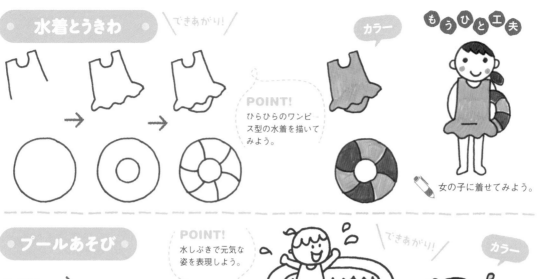

水着とうきわ

できあがり!

カラー

もうひと工夫

POINT!
ひらひらのワンピース型の水着を描いてみよう。

女の子に着せてみよう。

プールあそび

POINT!
水しぶきで元気な姿を表現しよう。

できあがり!

カラー

水玉模様のビニールプールに。

水あそび

できあがり!

カラー

POINT!
ホースを使ってあそんでいるところを描こう。

水しぶきの色塗りも忘れずに。

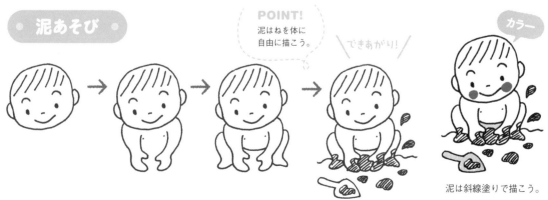

泥あそび

POINT!
泥はねを体に自由に描こう。

できあがり!

カラー

泥は斜線塗りで描こう。

93

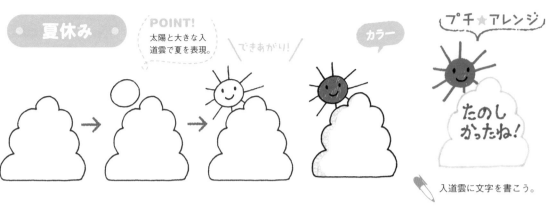

夏休み

POINT!
太陽と大きな入道雲で夏を表現。

できあがり！

カラー

プチ★アレンジ

たのし
かったね！

入道雲に文字を書こう。

海

できあがり！

カラー

プチ★アレンジ

POINT!
海に浮かぶ島も
描いてみよう。

おさかなを描き足してみ
よう。

お泊まり保育

POINT!
背景を夜にして、
お昼寝との違い
を出そう。

できあがり！

カラー

しき布団とかけ布団を
塗り分けよう。

すいか割り

できあがり！

カラー

POINT!
目隠しを描くの
がポイント。

目隠しにも色を塗って
みよう。

夏まつり

できあがり！

カラー

POINT!
甚平を着た子どもを
描いてみよう。

ストライプの模様を入
れてみよう。

かき氷

できあがり！

カラー

もうひと工夫

POINT!
シロップをなめら
かな線で描いてみ
よう。

氷

器を変えてみよう。

わたあめ

できあがり！

カラー

もうひと工夫

POINT!
縦長にもくもく
させよう。

ヨーヨーも描き足して
みよう。

花火

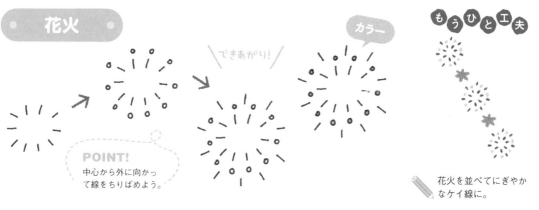

できあがり！

カラー

もうひと工夫

POINT!
中心から外に向かっ
て線をちりばめよう。

花火を並べてにぎやか
なケイ線に。

うちわ

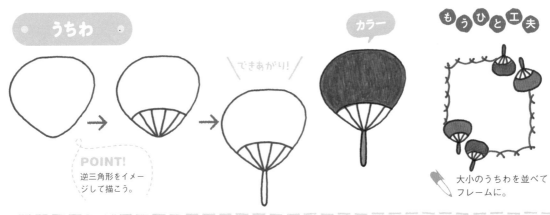

カラー

もうひと工夫

POINT!
逆三角形をイメージして描こう。

大小のうちわを並べてフレームに。

風鈴

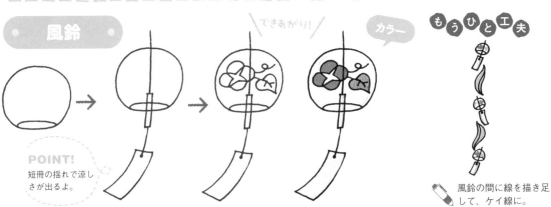

できあがり！

カラー

もうひと工夫

POINT!
短冊の揺れで涼しさが出るよ。

風鈴の間に線を描き足して、ケイ線に。

むしとり

できあがり！

カラー

POINT!
むしとり網の網目をはっきり描こう。

網は塗らなくてもOK。

避難訓練

できあがり！

カラー

POINT!
ずきんを大きく描こう。

ずきんは目立つ色で塗るといいよ。

お月見だんご

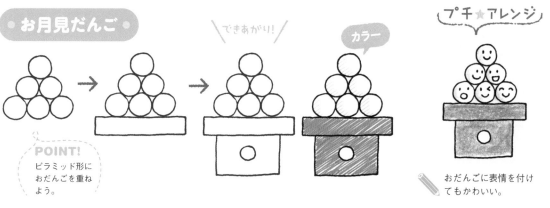

＼できあがり！／

カラー

プチ★アレンジ

POINT!
ピラミッド形に
おだんごを重ね
よう。

🖊 おだんごに表情を付け
てもかわいい。

すすき

＼できあがり！／

カラー

プチ★アレンジ

POINT!
穂を同じ方向に
揃えて描こう。

🖊 向きを変えてケイ線を
描こう。

敬老の日

POINT!
子どもの顔を後ろ
からひょっこり出
して仲良しに。

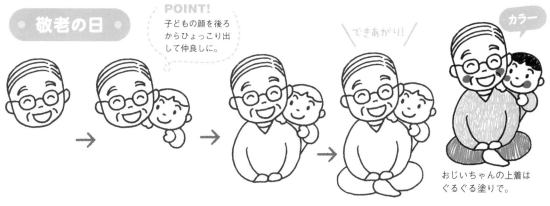

＼できあがり！／

カラー

おじいちゃんの上着は
ぐるぐる塗りで。

いもほり

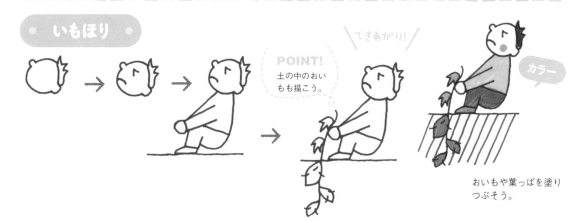

＼できあがり！／

POINT!
土の中のおい
もも描こう。

カラー

おいもや葉っぱを塗り
つぶそう。

10・11・12月の行事

運動会①

できあがり！

カラー

POINT!
がんばって走る子ど
もを描いてみよう。

ぼうしは赤色で塗りつ
ぶしてみよう。

運動会②

できあがり！

カラー

POINT!
腕を上げて元気な様
子を強調しよう。

ぼうしと玉の色を一緒
にしよう。

読書週間

できあがり！

カラー

POINT!
絵本を持つ手
から描こう。

絵本の絵にも色を付け
ると目立つね。

七五三

できあがり！

カラー

POINT!
子どもの着物は
外枠から描いて
みよう。

女の子は髪飾りと着物
の模様の色を合わせる
とおしゃれ。

勤労感謝の日

POINT!
プレゼントのメダルを描こう。

＼できあがり！／

カラー

メダルの文字まわりは
色を塗らなくて OK。

ハロウィン

＼できあがり！／

カラー

もうひと工夫

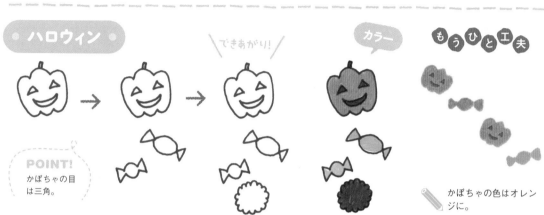

POINT!
かぼちゃの目
は三角。

かぼちゃの色はオレンジに。

発表会

＼できあがり！／

カラー

POINT!
おめんをつけて、タ
イツをはかせよう。

タイツに点線で模様を
入れても OK。

サンタクロースとトナカイ

＼できあがり！／

カラー

POINT!
サンタクロース
のひげはたっぷ
り描こう。

サンタクロースの服は
おなじみの赤で塗ろう。

ツリーとプレゼント

でき あがり!

カラー

POINT!
プレゼントは四
角にリボンを付
けるだけ。

もうひと工夫

クリスマスモチーフで
フレームを描こう。

くつ下と手ぶくろ

でき あがり!

カラー

POINT!
模様は冬らしい
モチーフを描く
のもおすすめ!

ぐるぐる塗りで毛糸の
雰囲気を出そう。

もちつき

でき あがり!

カラー

POINT!
伸びるおもちを
強調させよう。

おもちは塗らなくて
OK。

大掃除（掃除道具）

でき あがり!

カラー

もうひと工夫

POINT!
ぞうきんの縫い目
は点線で表そう。

道具を並べてケイ線にしよう。

1・2・3月の行事

初日の出

カラー

プチ☆アレンジ

POINT!
太陽は富士山で少し隠して描こう。

できあがり！

🖊 松も描き足しておめでたいフレームに。

初もうで

POINT!
横顔のお参り姿を描いてみよう。

できあがり！

カラー

着物はピンクの花模様を入れてみよう。

絵馬

できあがり！

カラー

プチ☆アレンジ

今年の目標

POINT!
お正月のモチーフを絵馬に描き込もう。

🖊 絵馬をフレームにして文字も書ける。

松竹梅

できあがり！

カラー

もうひと工夫

POINT!
外枠から描き始めよう。

🖊 並べてケイ線にしよう。

門松

POINT!
中央の竹を長めに
描こう。

できあがり!

カラー

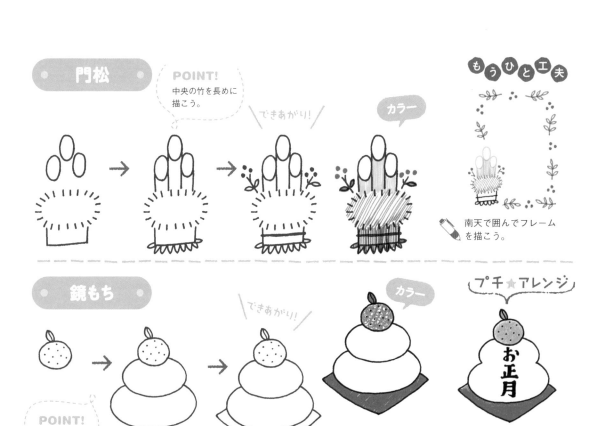

もうひと工夫

南天で囲んでフレーム
を描こう。

鏡もち

できあがり!

カラー

プチ★アレンジ

POINT!
だ円を重ねて
描こう。

お正月

おもちの線を取って
フレームにしよう。

たこ上げ

POINT!
たことマフラーを
なびかせてみよう。

できあがり!

カラー

たこは好きな色で塗ろ
う。

羽根つき

POINT!
着物は右前だよ。

できあがり!

カラー

好きな色で着物を塗ろ
う。

こま

POINT!
子どもの上半身を先に描こう。

でき あがり!

カラー

カラフルな色でこまを塗ってみよう。

福笑い

POINT!
顔が分かる程度にパーツをずらそう。

でき あがり!

カラー

もう ひと工夫

子どもがあそんでいる姿も描き足そう。

獅子舞

POINT!
四角い顔に大きな口がポイント。

でき あがり!

カラー

もう ひと工夫

横向きの獅子舞も描いてみよう。

お年玉

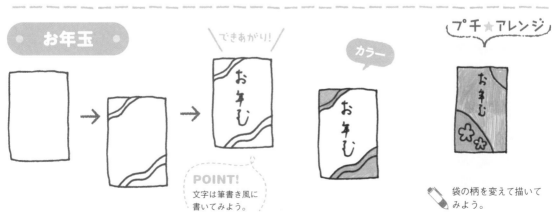

でき あがり!

カラー

プチ★アレンジ

POINT!
文字は筆書き風に書いてみよう。

袋の柄を変えて描いてみよう。

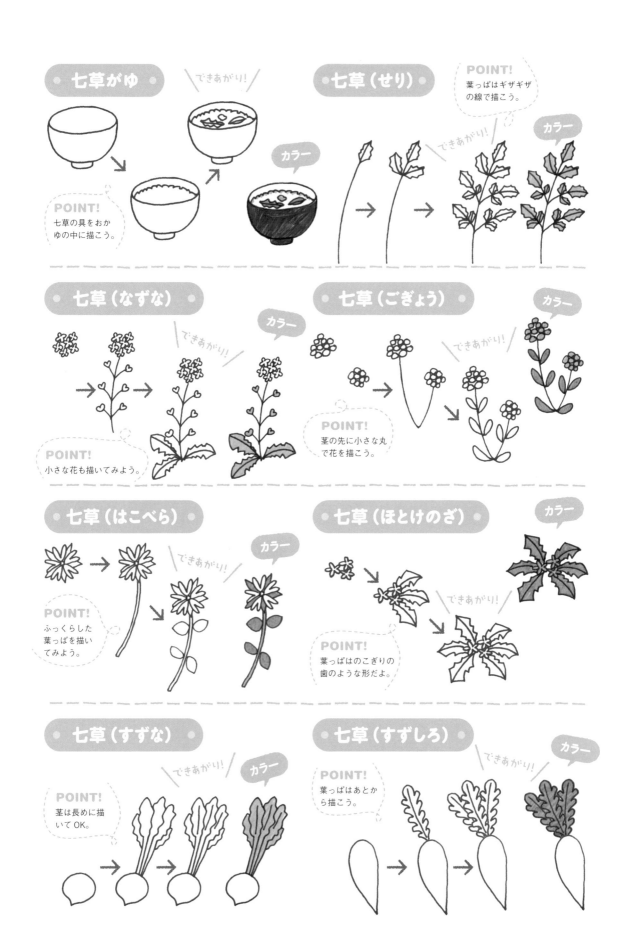

七草がゆ

\できあがり！/

POINT!
七草の具をおか
ゆの中に描こう。

カラー

七草（せり）

POINT!
葉っぱはギザギザ
の線で描こう。

\できあがり！/

カラー

七草（なずな）

\できあがり！/

カラー

POINT!
小さな花も描いてみよう。

七草（ごぎょう）

カラー

POINT!
茎の先に小さな丸
で花を描こう。

\できあがり！/

七草（はこべら）

\できあがり！/

カラー

POINT!
ふっくらした
葉っぱを描い
てみよう。

七草（ほとけのざ）

カラー

\できあがり！/

POINT!
葉っぱはのこぎりの
歯のような形だよ。

七草（すずな）

\できあがり！/

カラー

POINT!
茎は長めに描
いて OK。

七草（すずしろ）

POINT!
葉っぱはあとか
ら描こう。

\できあがり！/

カラー

雪あそび

POINT!
雪玉を大きめに
描いてみよう。

できあがり！

カラー

手袋やマフラー、長ぐ
つを同じ色で。

豆まき

POINT!
豆をたくさんま
き散らそう！

できあがり！

カラー

豆は黄色系の色で塗ろ
う。

鬼

できあがり！

POINT!
まゆげを上げて
強さを出そう。

カラー

プチ★アレンジ

顔の形と表情を変えて泣
きむし鬼にもできるよ。

恵方巻き

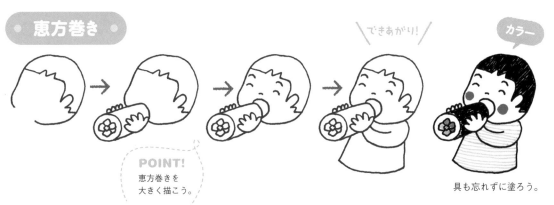

できあがり！

カラー

POINT!
恵方巻きを
大きく描こう。

具も忘れずに塗ろう。

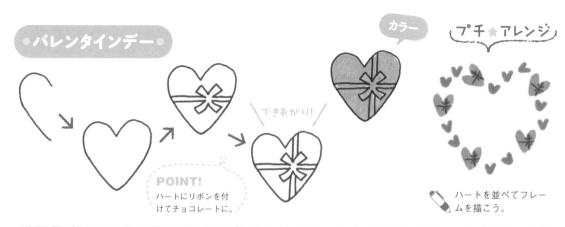

◦ バレンタインデー ◦

カラー

プチ★アレンジ

でき あがり!

POINT!
ハートにリボンを付けてチョコレートに。

✎ ハートを並べてフレームを描こう。

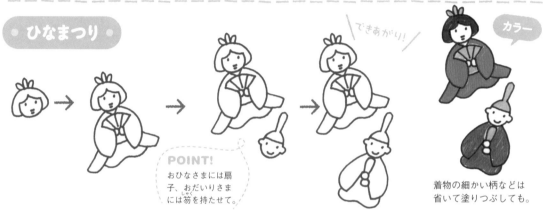

◦ ひなまつり ◦

でき あがり!

カラー

POINT!
おひなさまには扇子、おだいりさまには笏を持たせて。

着物の細かい柄などは省いて塗りつぶしても。

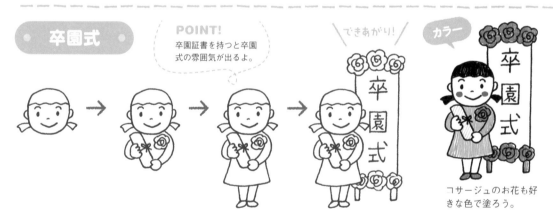

◦ 卒園式 ◦

POINT!
卒園証書を持つと卒園式の雰囲気が出るよ。

でき あがり!

カラー

卒園式

コサージュのお花も好きな色で塗ろう。

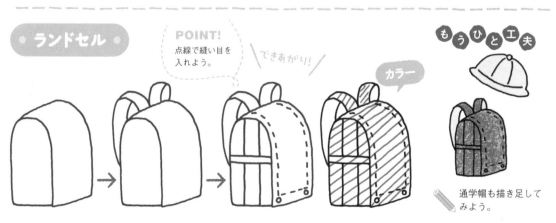

◦ ランドセル ◦

POINT!
点線で縫い目を入れよう。

でき あがり!

カラー

もうひと工夫

✎ 通学帽も描き足してみよう。

アレンジイラスト

⭐ 飾り文字

クラスだより（春）

POINT!
桜を散らすと春らしさが出るよ。

カラー

✏ フレームもピンクでなぞってみよう。

クラスだより（夏）

POINT!
雲の中に文字を書こう。

カラー

✏ 色えんぴつで文字を塗ろう。

クラスだより（秋）

カラー

POINT!
葉っぱの中に文字を書こう。

✏ 葉っぱの色をそれぞれ変えてみよう。

クラスだより（冬）

POINT!
文字のサイズを変えてみよう。

カラー

✏ 赤い手ぶくろとぼうしがポイント。

保健だより

POINT!
文字はきちんと正しく書く。

カラー

✏ 文字のまわりを塗ってみよう。

給食だより

POINT!
お皿を文字のフレームにしよう。

カラー

✏ 文字や食べ物にも色を塗ってみよう。

○月生まれ（春）

POINT!
文字の端に
●を付けてみよう。

カラー

ハートはフレームに沿って色を重ねるだけでもOK。

○月生まれ（夏）

POINT!
大きなかき氷を
フレームにしよう。

カラー

かき氷のシロップは好きな色を塗ろう。

○月生まれ（秋）

POINT!
アップリケの
ような数字を
描いてみよう。

カラー

文字の中をチェック柄にしてみよう。

○月生まれ（冬）

POINT!
雪を描いて冬
の雰囲気を出
そう。

カラー

雪うさぎの耳は緑で塗ろう。

お知らせ

POINT!
風船の
フレームを
使おう。

カラー

風船の色をそれぞれ変えてみよう。

今月の予定

POINT!
ちょこんとのぞく
動物がかわいい！

カラー

文字まわりのイラストを塗ってにぎやかに。

ご紹介

POINT!
文字の配置をランダムにすると目を引くね。

カラー

✏️ 文字のまわりを塗りつぶす方法もあるよ。

持ち物

POINT!
大きなリュックで持ち物を表現。

カラー

✏️ 色えんぴつで濃淡を調整しながら塗ってみよう。

おねがい

POINT!
顔があるものをワンポイントにすると目を引くよ。

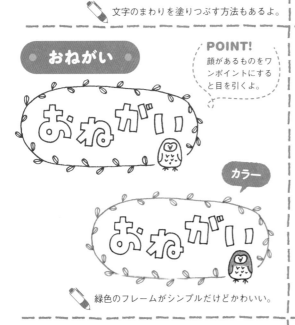

カラー

✏️ 緑色のフレームがシンプルだけどかわいい。

ご用意お願いします

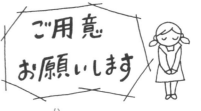

POINT!
直線の組み合わせで吹き出し風に。

カラー

✏️ フレームのふちだけ塗る方法もあるよ。

ご参加お願いします

POINT!
大きな旗をフレームにしよう。

カラー

✏️ 文字の塗り方を変えてみよう。

ご協力お願いします

POINT!
子どものおじぎ姿を描こう。

カラー

✏️ フレームの上下のふちだけ色を重ねてみよう。

ありがとうございました

POINT!
動物を描き足してやさしい雰囲気に。

カラー

✏ 色えんぴつでやわらかい雰囲気が出るよ。

ひょうしょうじょう

POINT!
キラキラの飾りを描き足すと豪華な雰囲気に。

カラー

✏ 文字まわりに黄色でキラキラを描き、より華やかに！

がんばったね

POINT!
文字の先端に●を付けて飾ろう。

カラー

✏ 色は控えめにして、文字を目立たせる方法もあり！

すてき!

POINT!
文字の中にイラストを描き足そう。

カラー

✏ 一文字ずつ色を変えてみよう。

かぜに注意

POINT!
マスク姿の子どもとセットで描こう。

カラー

✏ 文字にも色を付けて強調させよう。

予防接種

POINT!
ワンポイントに鳥を描き足そう。

カラー

✏ 赤のボールペンで文字を書こう。

おたんじょうびおめでとう

POINT!
たくさんのいちごを描いてみよう。

カラー

✏️ 色えんぴつで塗って、やさしい雰囲気に。

入園おめでとう

POINT!
桜の花びらを散らそう。

カラー

✏️ 通学帽を黄色で塗ろう。

進級おめでとう

カラー

POINT!
線やモチーフを散らすとにぎやかになるよ。

✏️ カラフルな色づかいで明るさUP！

卒園おめでとう

POINT!
卒園証書をイメージしたフレームを描こう。

カラー

✏️ 文字のまわりを塗ってみよう。

遠足

POINT!
足元だけ描いても遠足の雰囲気が伝わるよ。

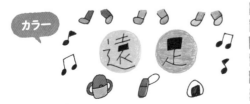

カラー

✏️ 足元のイラストも忘れずに塗ってね。

参観日

POINT!
大人と子どもを一緒に描こう。

カラー

✏️ 飾りの花を好きな色で塗ろう。

こどもの日

POINT!
こいのぼりの中に文字を書こう。

 カラー

 青のボールペンで文字をかたどろう。

母の日

POINT!
母の文字の一部をハートにしてみよう。

 カラー

✏️ 文字の色とハートを違う色で塗ってみよう。

父の日

POINT!
お父さんをイメージするモチーフを描こう。

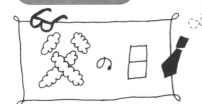

カラー

✏️ 父の文字は塗りつぶして強調させてみよう。

歯科検診

POINT!
大きな口の中に文字を書いてみよう。

カラー

✏️ 文字は塗りつぶさなくても OK。

Part
4

アレンジイラスト

飾り文字

暑中お見舞い申し上げます

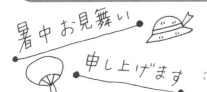

POINT!
夏をイメージするモチーフを描こう。

カラー

✏️ ぼうしのリボンをさわやかな色で塗ろう。

夏休み

POINT!
大きな入道雲に文字を書こう。

カラー

✏️ 雲を部分的に塗ってみよう。

お泊まり保育

POINT!
寝ている子どもを描いてみよう。

カラー

フレームのラインに色を重ねても OK。

夏まつり

POINT!
花火が夏まつりの楽しいイメージを連想させるよ。

カラー

カラフルな花火を描いてみよう。

運動会

カラー

POINT!
文字をもくもくのフレームで囲もう。

文字を赤にして目立たせて。

発表会

POINT!
お花で華やかな雰囲気を出そう。

カラー

フレームは部分塗りでも OK！

作品展

POINT!
ベレー帽をかぶせてかわいい芸術家に。

カラー

ぼうしとフレームの囲み線を同じ色にしてみよう。

ハロウィン

POINT!
町並みをシルエットにしてみよう。

カラー

かぼちゃのおばけをオレンジ色に塗ろう。

メリークリスマス

POINT!
クリスマス
モチーフで
雰囲気を出そう。

カラー

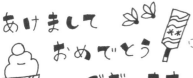

隣り合う文字を緑と赤の交互に塗ってみよう。

冬休み

POINT!
雪の結晶を
散らそう。

カラー

雪の結晶の中心を水玉で塗ってみよう。

あけましておめでとうございます

POINT!
文字の一部分を
太くして
みよう。

カラー

文字まわりを斜線で色付けしてみよう。

おもいで

POINT!
アルバムの中に
文字を書こう。

カラー

一文字ずつ色を変えてみよう。

保護者のみなさまへ

POINT!
ワンポイントに
チューリップを
描き込もう。

カラー

赤いチューリップがアクセントになるよ。

春休み

POINT!
文字の先端に
花や葉っぱを
描き足そう。

カラー

文字の中を黄緑色で塗ってみよう。

⭐ 飾り文字〈12ヶ月〉

4月

POINT!
花と花びらで
春の雰囲気。

カラー

✏️ 桜の花をピンク以外の色で塗っても OK。

5月

POINT!
木や鳥を描いて
みよう。

カラー

✏️ 数字を緑のボーダー模様に。

6月

POINT!
カタツムリの
殻で数字の "6"。

カラー

✏️ 雨のしずくに濃淡を付けるといいよ。

7月

POINT!
あさがおと笹の葉で
7月のイメージを表
現してみよう。

カラー

✏️ 夏らしい明るい色で数字を塗ろう。

8月

POINT!
もくもく型の
数字を描いて
みよう。

カラー

✏️ 青色で数字をかたどってみよう。

9月

POINT!
満月で "9" を
描こう。

カラー

✏️ お月さま部分は黄色の色えんぴつで。

116

10月

POINT!
葉っぱや
木の実を
自由に配置。

カラー

数字は部分塗りでもOK！

11月

POINT!
りすや落ち葉を
描いてみよう。

カラー

数字は木目に見立てて縦線を入れてみよう。

12月

POINT!
クリスマス
モチーフを
描き足して。

カラー

赤と緑を使ってクリスマスの雰囲気。

1月

POINT!
お正月の
モチーフを描こう。

カラー

モチーフにいろいろな色を使いカラフルに。

2月

POINT!
梅の花を
ポイントに
描こう。

カラー

数字の外枠の線と中の模様の色を変えてもいいね。

3月

POINT!
ちょうちょうで
春の雰囲気が
出せるよ。

カラー

たんぽぽの黄色がポイントに！

⭐ 干支

子

POINT!
初日の出と富士山をセットで描こう。

カラー

✏ ねずみは外枠をふちどるだけでもOK！

丑

POINT!
着物もうし柄でかわいい。

カラー

✏ 帯に好きな色を塗ろう。

寅

POINT!
こまであそぶとらを描こう。

カラー

✏ こまの模様もカラフルにするとかわいい。

卯

カラー

POINT!
おめかしをしたうさぎ。

✏ ピンクのうさぎもかわいい。

辰

POINT!
龍の背中に福袋をのせて。

カラー

✏ 絵馬は木目のように横線で塗ってみよう。

巳

POINT!
鏡もちとへびのとぐろを似せて描いてみよう。

カラー

✏ へびは点々模様を入れてもいいね。

午

POINT!
扇形のフレームを描いてみよう。

カラー

花にも色を塗ってみよう。

未

POINT!
お正月モチーフを持たせて。

カラー

ひつじの毛をぐるぐる塗りで。

申

POINT!
羽子板であそんでいるところを描こう。

カラー

赤い花を背景や羽子板に描いてみよう。

酉

POINT!
丸みのあるにわとりを描いてみよう。

カラー

背景にピンク色を入れると華やかさが出るよ。

戌

POINT!
お正月のあそびを楽しむ姿を。

カラー

着物は好きな色で塗ってみよう。

亥

POINT!
いのししは横向きが描きやすい。

カラー

背景の南天の実を赤く塗ってみよう。

いろいろな手の形

数字を表す手の形は、左手、右手、手のひら側、手の甲側の中から、使いやすいものを描いてみよう。

いちの手

    カラー

にの手

   カラー

さんの手

    カラー

よんの手

    カラー

ごの手

    カラー

グー・チョキ・パー

POINT!
指の細かい線は省略してもOK。

カラー

グー　　　チョキ　　　パー

120

⚠ 案内表示

● トイレ（子ども）

POINT!
頭を大きく、体を小さく描けばシルエットでも子どもだと分かるよ。

\できあがり!/

  → → →

トイレ

カラー

ト イ レ

イラストは青と赤で塗りつぶしてみよう。

● トイレ（大人）

POINT!
大人は体を縦長に描いてみよう。

\できあがり!/

○ → 🧍 → 🧍 ○ → 🧍🧍

ト イ レ

カラー

ト イ レ

黒のラインを残して塗っても OK。

● 駐車場

\できあがり!/

 →

POINT!
車に表情を付けてみて。

カラー

プチ★アレンジ

✏ 斜線を引くと「禁止」になるよ。

● 自転車置き場

\できあがり!/

POINT!
丸と直線で描くことができるよ。

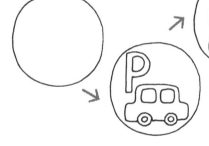

自転車置き場

カラー

自転車置き場

プチ★アレンジ

禁止

✏ 斜線を引くと「禁止」になるよ。

● ベビーカー置き場 ●

POINT!
胴を小さめに描けば赤ちゃんらしくなるよ。

赤ちゃんのシルエットを塗りつぶしてみよう。

● 授乳室 ●

POINT!
赤ちゃんとやさしそうなお母さんを描こう。

同じ色の服でも塗りかたを変えると違いが出るよ。

● はいらないでね ●

POINT!
にわとりの大きな羽でバツを描こう。

進入禁止マークをイメージして塗ってみよう。

● 禁煙 ●

POINT!
斜線を上から描き、禁止の意味を表現しよう。

枠の色を赤にすると目立つね。

できあがり!

50音順 さくいん

50音順 さくいん

✻ Illustrators

くるみれな
2006年よりフリーイラストレーターとして保育図書、雑誌、月刊絵本などで活動中。子どもや動物をモチーフにした明るくかわいいイラストが得意。
https://marble-p.com

竹永絵里
多摩美術大学情報デザイン学科卒業。書籍、広告、WEB、雑貨などで活動中。著書に『色えんぴつでかんたん かわいい生きものがいっぱい』(日本文芸社)など。趣味は旅行。
https://takenagaeri.com

ささきともえ
書籍・雑誌のイラストを主に、最近は園児向けの制作物なども手がけている。著書『かんたんイラストドリル』(主婦の友社)『気持ちが伝わる手描きイラスト』(大和出版) 他。
https://tomoehome.web.fc2.com/index_j.html

竜田麻衣
都立工芸高校デザイン科、セツ・モードセミナー卒業。雑誌、書籍の挿絵を中心に活動。子どもの絵や動物キャラクター、手描き文字が得意。

商品協力
ゼブラ株式会社　https://www.zebra.co.jp

カバーデザイン　　林偉志夫
本文デザイン　　　鷹觜麻衣子
撮影　　　　　　　なみこ
編集協力　　　　　株式会社童夢
企画編集　　　　　株式会社ユーキャン

正誤等の情報につきましては、下記「ユーキャンの本」ウェブサイトでご覧いただけます。
https://www.u-can.co.jp/book/information

U-CANの保育スマイルBOOKS
ユーキャンのかわいく描ける! 毎日使える!
保育のイラスト描きかた帖 第2版

2015年9月30日　初版　第1刷発行
2023年3月3日　第2版　第1刷発行

編　者　　ユーキャン学び出版 スマイル保育研究会

発行者　　品川 泰一

発行所　　株式会社ユーキャン 学び出版
　　　　　〒151-0053
　　　　　東京都渋谷区代々木1-11-1
　　　　　Tel.03-3378-2226

発売元　　株式会社自由国民社
　　　　　〒171-0033
　　　　　東京都豊島区高田3-10-11
　　　　　Tel.03-6233-0781 (営業部)

印刷・製本　シナノ書籍印刷株式会社